高等职业教育城市轨道交通专业系列教材

CHENGSHI GUIDAO JIAOTONG
ZHANTAIMEN XITONG JI JIANXIU JISHU

城市轨道交通站台门系统及检修技术

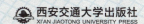

西安交通大学出版社
XI'AN JIAOTONG UNIVERSITY PRESS

主　编　陈光伟　王丽平
副主编　张家祥　孙康萌*
参　编　杨镒成* 张继哲* 许延龙*
主　审　巩　奇*

（注：标注有*的人员为郑州地铁集团有限公司运营分公司专家）

图书在版编目(CIP)数据

城市轨道交通站台门系统及检修技术/陈光伟，王丽平主编．—西安：西安交通大学出版社，2022.10
高等职业教育城市轨道交通专业系列教材
ISBN 978-7-5693-2822-6

Ⅰ．①城… Ⅱ．①陈… ②王… Ⅲ．①城市铁路-轨道交通-站台-安全门-运行-高等职业教育-教材 ②城市铁路-轨道交通-站台-安全门-维修-高等职业教育-教材 Ⅳ．①U239.54

中国版本图书馆 CIP 数据核字(2022)第 189908 号

Chengshi Guidao Jiaotong Zhantaimen Xitong ji Jianxiu Jishu

书　　名	城市轨道交通站台门系统及检修技术	
主　　编	陈光伟　王丽平	
策划编辑	曹　昳　杨　璠	
责任编辑	张　欣　曹　昳	
责任校对	柳　晨	
封面设计	任加盟	

出版发行　西安交通大学出版社
　　　　　（西安市兴庆南路1号　邮政编码710048）
网　　址　http://www.xjtupress.com
电　　话　(029)82668357　82667874(市场营销中心)
　　　　　(029)82668315(总编办)
传　　真　(029)82668280
印　　刷　西安五星印刷有限公司

开　　本　787mm×1092mm　1/16　　印张　12.25　　字数　300千字
版次印次　2022年10月第1版　2022年10月第1次印刷
书　　号　ISBN 978-7-5693-2822-6
定　　价　42.60元

如发现印装质量问题，请与本社市场营销中心联系。
订购热线：(029)82665248　(029)82667874
投稿热线：(029)82668804
读者信箱：phoe@qq.com

版权所有　侵权必究

前 言

党的二十大报告中明确提出:"实施科教兴国战略,强化现代化建设人才支撑。""加快建设国家战略人才力量,努力培养造就更多大师、战略科学家、一流科技领军人才和创新团队、青年科技人才、卓越工程师、大国工匠、高技能人才。"

职业教育是国民教育体系和人力资源开发的重要组成部分,在全面建设社会主义现代化国家新征程中,职业教育正源源不断地培养高素质技术技能人才。办好职业教育,最终是为了促进就业创业、助力经济社会发展、增进人民福祉。当前,我国职业教育发展进入了提质培优、增值赋能新阶段;高等职业院校肩负着"为党育人、为国育才"的初心使命,面临着巨大的历史机遇。随着我国轨道交通事业的快速发展,如何提高轨道交通行业从业者的技术技能水平,提高轨道交通行业人员的素质,培养轨道交通行业新时代的产业工人,已经是目前职业院校进行轨道交通行业人才培养的首要任务。

2019年中共中央、国务院印发了《交通强国建设纲要》,提出了"交通强国"的发展目标,城市轨道交通以其大运量、高效、便捷、绿色等优势成为我国城市交通运输的主要选择。城市轨道交通车站站台门系统是城市轨道交通的重要组成部分,作为乘客安全的直接保障设备,站台门在国内外已得到广泛的应用,其系统及设备运行状态直接影响乘客的乘车安全。城市轨道交通的跨越式发展,使培养高素质的技术技能人才成为高职教育的重要目标。站台门系统设备维护与检修,是城市轨道交通公司机电检修岗的一项重要工作内容。本书是以满足城市轨道交通车站实际岗位的职业能力需求为目标,进行编写的。

书中主要包括城市轨道交通站台门系统概述、站台门门体设备、站台门门机系统、站台门控制与监视系统、站台门供电系统、安全防护装置、站台门系统与其他系统的接口、站台门系统维护、站台门系统故障处理和实训项目共10个模块。本书理论知识比较全面,大量图表资源取自地铁公司的实际工作场景,在实操项目设置上采用校内实训设备与地铁现场设备相结合的方式,内容比较贴合应用实际。结合教材各项目实际情况，本书编写团队还开发了微课视频、实操视频及动画等数字教学资源，为读者的学习提供方便。本书可作为城市轨道交通机电技术专业及相关专业的专业教材，也可作为地铁公司城轨机电检修岗位的培训教材。

本书由郑州铁路职业技术学院和郑州地铁集团有限公司校企合作共同编写，校企在课程资源共建共享、技术互通融合方面有着深厚的合作基础。本书由陈光伟、王丽平担任主编，负责全书的统稿；张家祥、杨镒成、许延龙担任副主编。其中王丽平编写模块1～3，陈光伟编写模块4～6，张继哲编写模块7，张家祥编写模块8，孙康萌、杨镒成共同编写模块9，许彦龙编写模块10。本书在编写过程中，得到郑州地铁集团有限公司运营分公司的大力支持，在此表示感谢！

本书内容参考了相关行业标准、政策性文件、岗位工作要求、检修管理经验等，在材料搜集及编写过程中也参阅了相关教材及文献，在此一并表示感谢！

由于时间仓促及编者水平有限，一定存在许多不足之处，敬请广大读者提出宝贵意见，我们将认真听取并及时改正。

与本书配套的精品在线开放课程"站台门系统及检修技术"也在智慧职教 MOOC 平台上开放了。课程是由郑州铁路职业技术学院和郑州地铁集团有限公司运营分公司共同开发的，课程配有微课视频、PPT、在线测试等资料，课程内容与教材内容相对应。

编　者

2022 年 10 月

目 录

模块 1　城市轨道交通站台门系统概述 ……………………………………（ 1 ）
　1.1　站台门系统功能及分类 ……………………………………………（ 2 ）
　1.2　站台门系统构成 ……………………………………………………（ 5 ）
　1.3　站台门系统设计原则、技术参数及要求 …………………………（ 7 ）
　1.4　站台门系统技术发展趋势 …………………………………………（ 10 ）

模块 2　站台门门体设备 ……………………………………………………（ 12 ）
　2.1　全封闭式屏蔽门的承重结构、门槛和顶箱 ………………………（ 15 ）
　2.2　全封闭式屏蔽门门体组合 …………………………………………（ 21 ）
　2.3　半高式安全门门体结构 ……………………………………………（ 34 ）

模块 3　站台门门机系统 ……………………………………………………（ 39 ）
　3.1　全封闭式屏蔽门门机系统 …………………………………………（ 41 ）
　3.2　半高式安全门门机系统 ……………………………………………（ 48 ）

模块 4　站台门控制与监视系统 ……………………………………………（ 56 ）
　4.1　站台门控制与监视系统概述 ………………………………………（ 58 ）
　4.2　中央控制盘 …………………………………………………………（ 59 ）
　4.3　门机控制器 …………………………………………………………（ 66 ）
　4.4　就地控制盘 …………………………………………………………（ 70 ）
　4.5　综合后备盘 …………………………………………………………（ 71 ）
　4.6　就地控制盒 …………………………………………………………（ 74 ）
　4.7　门状态指示灯 ………………………………………………………（ 75 ）
　4.8　控制系统运营模式 …………………………………………………（ 76 ）
　4.9　监视系统 ……………………………………………………………（ 80 ）

模块 5　站台门供电系统 ……………………………………………………（ 85 ）
　5.1　站台门供电系统概述 ………………………………………………（ 86 ）
　5.2　驱动电源 ……………………………………………………………（ 88 ）
　5.3　控制电源 ……………………………………………………………（ 91 ）

5.4 蓄电池 …………………………………………………………………（93）

模块 6 安全防护装置 …………………………………………………（97）
6.1 瞭望灯带 ………………………………………………………………（99）
6.2 红外探测装置 …………………………………………………………（100）
6.3 防踏板和防夹挡板 ……………………………………………………（102）
6.4 防踏空装置 ……………………………………………………………（103）
6.5 绝缘处理 ………………………………………………………………（104）
6.6 等电位连接 ……………………………………………………………（108）

模块 7 站台门系统与其他系统的接口 ………………………………（113）
7.1 与信号系统的接口 ……………………………………………………（114）
7.2 与综合监控系统的接口 ………………………………………………（117）
7.3 与低压配电系统的接口 ………………………………………………（118）
7.4 与车辆的接口 …………………………………………………………（119）
7.5 与土建的接口 …………………………………………………………（119）
7.6 与限界及轨道的接口 …………………………………………………（120）
7.7 与环控系统的接口 ……………………………………………………（121）

模块 8 站台门系统维护 ………………………………………………（124）
8.1 常用维修工具和仪器仪表 ……………………………………………（126）
8.2 站台门设备巡检流程及方法 …………………………………………（135）
8.3 站台门设备计划检修流程及方法 ……………………………………（137）

模块 9 站台门系统故障处理 …………………………………………（154）
9.1 站台门故障时司机、站务操作指引 …………………………………（155）
9.2 故障分析方法 …………………………………………………………（159）
9.3 常见故障处理方法 ……………………………………………………（162）
9.4 故障处理实例 …………………………………………………………（170）

模块 10 实训项目 ………………………………………………………（179）
实训项目一 站台门门体设备认知 ………………………………………（179）
实训项目二 全封闭式屏蔽门门体结构认知 ……………………………（180）
实训项目三 全封闭式屏蔽门门机系统认知 ……………………………（181）
实训项目四 滑动门机械装置检修 ………………………………………（182）
实训项目五 中央控制盘检修 ……………………………………………（183）

附录 1 城市轨道交通站台门系统常用英文缩略语对照表 …………（185）

附录 2 城市轨道交通站台门系统主要技术标准 ……………………（186）

参考文献 …………………………………………………………………（187）

模块 1
城市轨道交通站台门系统概述

知识结构

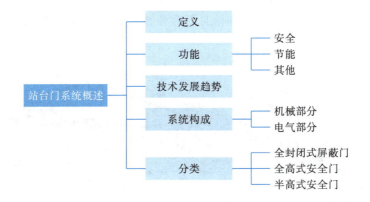

知识目标

1. 掌握站台门的定义。
2. 掌握站台门系统的分类。
3. 熟悉站台门系统的功能。
4. 掌握站台门系统的组成。

思政目标

1. 了解我国第一条地铁建设历史,要始终坚持中国共产党的领导。
2. 了解"交通强国"的发展目标,树立文化自信,努力成为新时代轨道交通领域的新型产业工人。
3. 理解科技创新是推动新时代轨道交通高质量可持续发展的第一生产力。

随着国家积极财政政策的实施，我国轨道交通建设进入高速发展期。目前我国城际轨道交通建设处于快速发展和不断完善的过程，改善轨道交通系统工程及配套设施，优化候车环境，提高城市交通水平，将是一种必然的要求和趋势。城市轨道交通车站站台门系统是城市轨道交通的重要组成部分，作为乘客安全的直接保障设备，站台门在国内外已得到广泛的应用。

1.1 站台门系统功能及分类

1.1.1 站台门功能

站台门是安装于地铁和轻轨交通车站站台边缘，将列车轨行区与站台候车区隔离、与地铁列车门相对应、可多级控制开启与关闭滑动门的连续屏障，如图1-1所示。站台门是集建筑、机械、材料、电子和信息等学科技术于一体的高科技产品，是地铁站台安全防护的核心设施。

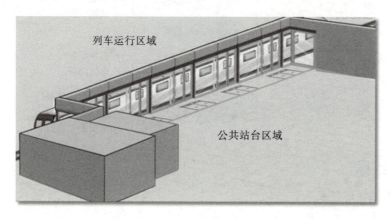

图1-1 站台门示意图

站台门系统的安装，保障了列车和乘客上下车时的安全，有效地减少了空气对流造成的站台冷热气的流失，降低了列车运行产生的噪声及活塞风对车站的影响，提供了舒适的候车环境，提高了地铁运营的经济效益和社会效益。站台门在地铁运营中具有不可替代的重要作用。

（1）隔离轨道，保障安全。

站台门可以隔离轨道，防止乘客失足或因车站客流拥挤等原因跌落轨道，保障了乘客的安全。同时，还可以避免异物掉入轨行区，保障了列车的行车安全。

（2）减少对流，节能减排。

新加坡地铁安装站台门的首选因素就是节能，安装地铁站台门后，有效减小了站台区和轨行区的空气对流，减少了站台区冷热气的流失。据地铁行业运营报告，地铁站台门系统使空调设备的冷负荷减少35％以上，环控机房的建筑面积减少50％，空调电耗降低了30％，有明显的节能效果。

(3) 降低噪声，减少活塞风，隔离区间灰尘。

地铁车辆在行驶过程中，尤其是弯道行车时，会产生较大的噪声。有了站台门后，可以在很大程度上降低噪声，全封闭式屏蔽门能够降低20～25 dB的噪声值，半高式安全门能够降低10～15 dB的噪声值。站台门还能有效避免列车运行时产生的活塞风对乘客造成的不舒适感，同时还可以把活塞风从隧道中带来的灰尘挡在站台门外，为乘客营造干净舒适的候车环境。

(4) 有效管理乘客，提高运营效率，降低运营成本。

安装站台门后，可以减少站台工作人员数量，降低地铁的日常运营管理费用。

(5) 增大候车面积。

安装站台门后，站台上无须设置近1 m的安全黄线距离，可以拓宽乘客在站台候车的有效空间。

(6) 在火灾或其他故障模式下，可以配合相关系统进行联动控制。

(7) 可以利用站台门设置广告显示屏，达到资源的最大化利用，同时对车站整体空间布置进行优化。

1.1.2　站台门分类

根据结构形式的不同，站台门可分为全封闭式屏蔽门、全高式安全门和半高式安全门三种。

1. 全封闭式屏蔽门

全封闭式屏蔽门是一道从站台天花板至地板间的全封闭式玻璃隔离墙和闸门，沿着车站站台边缘及两端头设置，将站台候车区和列车轨行区完全隔开，如图1-2所示。全封闭式屏蔽门最为常见，主要应用于有空调系统的地下车站。郑州地铁1号线、5号线等全部采用全封闭式屏蔽门。

2. 全高式安全门

全高式安全门是一道上不封顶的玻璃隔离墙和活动门或不锈钢篱笆门。只于近天花板处留有缝隙，未能将站台候车区和列车轨行区完全隔离，这样的设计允许轨道侧与站台侧有空气对流，如图1-3所示。全高式安全门结构简单，高度低，造价也低，但在节能和隔音方面不及全封闭式屏蔽门。全高式安全门多用于空调季节短的地区，适用于没有安装空调系统的车站。沈阳地铁一号线22个车站全部采用全高式安全门。

图 1-2 全封闭式屏蔽门

图 1-3 全高式安全门

3. 半高式安全门

半高式安全门在站台地板至天花板间安装半封闭式的闸门，其门体高度 1.5 m 左右，遮蔽的范围为全高式的一半，基本不具备提高舒适性和节能的作用，但其提供的安全保护性能依然有效，如图 1-4 所示。半高式安全门主要用于地面、高架车站，以及已运营路段增建站台门的轨道交通系统。如郑州地铁城郊线的高架车站都采用半高式安全门，北京地铁 1、2 号线于 2017 年加装的站台门也采用半高式安全门。

图 1-4 半高式安全门

1.2 站台门系统构成

站台门系统一般由机械和电气两大部分构成。机械部分主要包括门体设备和门机系统；电气部分主要包括监控系统和供电系统。图 1-5 为站台门系统结构图。

其中，门体设备由承重结构、滑动门（Automatic Sliding Door，ASD）、应急门（Emergency Escape Door，EED）、端门（Manual Secondary Door，MSD）、固定门（Fixed Door，FIX）、门槛和顶箱等组成。门机系统包括驱动电机、传动装置和锁紧装置等。

站台门监控系统主要由控制系统和监视系统组成，控制系统主要由中央控制盘（Platform Screen Controller，PSC）、就地控制盘（Platform Screen Door Local Control Panel，PSL）、综合后备盘（Integrated Backup Panel，IBP）、门机控制器（Door Control Unit，DCU）、就地控制盒（Local Control Box，LCB）等设备组成，监视系统主要包含现场总线控制系统软件、监视主机综合自动化软件、门机控制器综合自动化软件。站台门供电系统分为驱动电源、控制电源和蓄电池三部分。驱动电源负责对门机系统的电机供电，控制电源负责对门机控制器、中央控制盘、就地控制盘、综合后备盘和接口等供电，在市电异常情况下由蓄电池供电。

站台门系统各个部分呈分散分布，主要安装在车站控制室、站台门设备房、站台等区域，如图 1-6 所示。

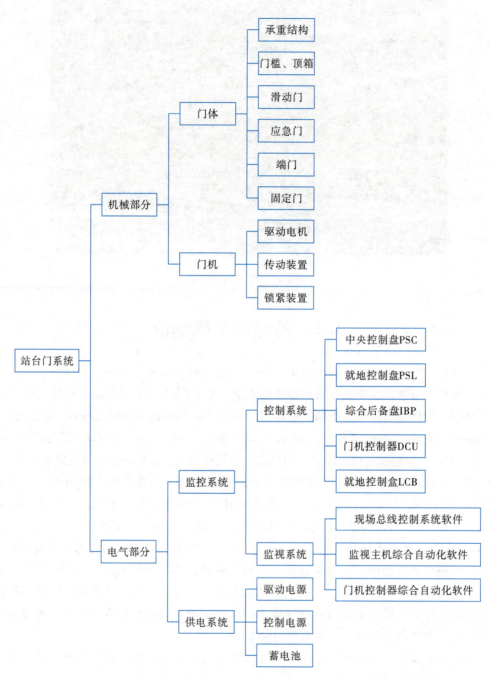

图1-5 站台门系统结构图

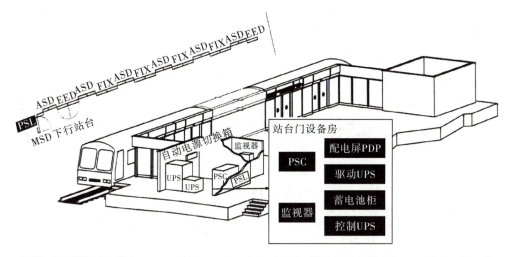

UPS—不间断电源(Uninterrupted Power Supply)；PDP—等离子显示屏(Plasma Display Panel)。

图 1-6　站台门系统布置图

1.3　站台门系统设计原则、技术参数及要求

1. 主要设计原则

站台门系统的设置应满足地铁工程车辆编组及限界条件、信号条件、安装条件及运营要求。

站台门在站台边缘的设置和外形尺寸不侵入列车行驶动态包络线，站台门外轮廓线满足限界的要求。

站台门设置在车站站台边缘的有效站台长度范围内，以有效站台中心线为基准向两端对称布置。

站台门的所有结构部件在设计负荷下，不发生失效。

站台门在设计上应考虑安装、调节简单方便、易维修；并能适应曲线站台的安装及运营。

各车站端门单元的宽度根据车站建筑的实际情况确定，端门单元的固定门宽度根据各车站实际尺寸进行设计，并考虑端门与车站装修的结合方案。端门顶部位置设有结构梁，以便端门单元安装。

非换乘站的地下车站站台板设计有 0.2% 坡度的，站台门门槛与站台装修完成面 0.2% 的坡度保持一致，各部件设计也应充分考虑坡度，包括应急门、端门的设计。

站台门顶箱面板兼做车站导向牌，导向牌内容、布置、颜色按要求生产。

控制子系统软、硬件的设计应充分考虑可靠性、可维护性、可用性和可扩展性。同时遵循模块化和冗余设计的原则。

除上部与站台顶梁和下部与站台板连接的紧固件采用热浸镀锌,其他紧固件采用不锈钢。

2. 主要技术参数

以郑州地铁 2 号线的全封闭式屏蔽门为例,介绍站台门的主要技术参数。

站台门纵向组合总长度约:114.08 m。

站台门结构总高度(从预埋件顶至门槛底部):约 3.5 m。

滑动门净高度:2.15 m。

滑动门净开度:1.9 m(或 1.7 m)。

固定门净宽度:0.85 m/2.56 m/2.12 m。

端门净高度:2.15 m。

端门净开度:1.2 m。

每侧站台滑动门数量:24 道(48 扇)。

每侧站台固定门:24 扇。

每侧站台应急门:3 道(6 扇)。

列车停车精度:±300 mm。

阻止滑动门关门力:≤150 N。

每扇滑动门关门的最后 100 mm 行程最大动能:≤1 J。

每扇滑动门最大动能:≤10 J。

噪声水平(站台侧):≤70 dB(A)。

滑动门开启时间:(0.5±0.1)~(3.5±0.1) s 范围内可调。

滑动门关闭时间:(3.0±0.1)~(4.0±0.1) s 范围内可调。

中央控制盘将命令传到门机控制器的时间:≤0.15 s。

门机控制器接受命令和响应时间:≤0.15 s(包括解锁时间)。

门已关信号从门机控制器反馈到中央控制盘的时间:≤0.15s。

站台门主体结构寿命:≥30 年。

输入电源:交流输入电压 380(1±10%) V;额定频率 50±0.5 Hz。

设备房内接地方式:TN-S。

门体框架材料和外装饰材料:门框表面、立柱表面、门槛表面制作材料采用不低于 00Cr18Ni10(304L)发纹不锈钢(厚度不小于 1.5 mm)。主要连接螺栓防腐根据设计要求采用达克洛或热镀锌处理。

玻璃材料:单层钢化玻璃,其厚度满足负载条件的要求,所有固定门玻璃厚度均为 10 mm。

3. 火灾安全要求

站台门具有安全、节能的功能,不作为站台防火分区隔离设备或火灾隔离设备用。

站台门系统中的所有材料不采用易燃、易爆材料。

站台门门体中的所有辅材(黏结剂、两扇滑动门间的橡胶、密封毛刷、绝缘材料、垫圈、底漆、塑料等非金属材料)为不爆炸、不放射有毒气体、低烟、低热量的难燃材料。

电线、电缆应为阻燃(符合 IEC 332-3 标准)、低烟(符合 IEC 1034-2 标准)、无卤(符合 IEC 745-2 标准),耐火(符合 IEC331 标准)等级不低于 B 类。

润滑油、润滑脂以及其他非金属密封件,与站台门零部件所采用的原材料、表面处理材料互不溶解,以保证站台门产品功能及表面的美观。

润滑油选用防火类型,闪点温度≥180 ℃;燃点温度≥450 ℃。

4. 安装要求

站台门的设计易于在地铁站台边缘安装。

机械结构的设计上能在 X、Y、Z 方向做适应性调整;X(平行于轨道)方向不小于±50 mm,Y(垂直于轨道)、Z(垂直于站台面)方向不小于±30 mm。

门机水平固定,导轨与水平面的不平行度公差小于 2 mm,门机梁的挠度在其设计寿命内不会影响滑动门的运行性能。

所有连接螺栓和定位螺钉应有可靠的防松设计,安装调整完成后应检查防松零件是否可靠。

立柱中心至轨道中心的安装误差不超出 0~5 mm。立柱中心线和站台平面垂直(站台纵向坡度 0.2%),不垂直度小于 1.5 mm。

站台门在站台上的各支座,在高程和平面安装调整时,保证门槛面和站台最终在同一平面内。

每侧站台固定门和应急门应整齐地安装在一个垂直平面内,平面度误差不大于 5 mm。

固定门扇和固定门扇之间、固定门扇与门槛之间没有明显间隙且间隙均匀。

滑动门扇关闭后两滑动门扇中缝没有明显的缝隙,不透光线,滑动门扇、应急门扇与门楣、门槛之间的间隙不大于 6 mm,间隙处有密封毛刷或其他形式的密封装置。滑动门扇和固定门扇、滑动门扇和应急门扇之间的间隙,在门扇未受横向负载条件下,上下均匀一致,滑动门关闭状态下这条间隙有可靠的装置自动密封,防止站台侧与轨道侧的空气串流。

在滑动门与固定门之间的间隙处设一定厚度的橡胶条,以加强密封且防止小孩的手指伸入间隙中。

轨道侧顶箱安装不允许侵入限界,顶箱面板间的间隙应平直均匀。

站台门系统内各电气设备的安装与更换应简单方便、易于维护,系统各设备的结构设计力求精巧实用。

站台门系统内各电气设备安装时，应考虑其在功能与容量上都易于扩展，且配置方便；采取可靠性措施，保证其运行达到高度安全。

站台门各类门体，其门框与钢化玻璃四周的安装间隙不大于 5 mm，且间隙内有可靠的填充物。

1.4　站台门系统技术发展趋势

以前，国际上只有美国西屋公司、法国法维莱公司、日本纳博克（NABCO）公司、瑞士卡巴（KABA）公司等能生产地铁站台门系统产品。地铁站台门系统产品在国外经过几十年的应用，以其较高的可靠性，在世界上越来越多的国家和地区得到应用。国内第一条安装地铁站台门的是广州地铁 2 号线，随后上海、深圳、天津、北京等城市的地铁也安装了地铁站台门。随着地铁站台门的普及，国内多家站台门生产企业（如深圳方大、上海嘉成、中船重工 713 所、北京天乐泰力等）逐渐打破了其核心技术被国外几家企业垄断的局面。其中深圳方大集团股份有限公司于 2006 年 4 月率先研发出了具有自主知识产权的国产化站台门系统，通过了国家评审，并于 2007 年 3 月与深圳地铁签订了 1 号线续建工程地铁站台门系统的总承包合同，标志着我国的地铁站台门产业已经进入世界先进行列。

目前的站台门系统门体以金属结构为主，存在与土建结构绝缘水平低的问题，其主要原因是外界环境因素对门体的绝缘指标影响较大。主要影响因素有两个：一是在设备安装施工期间，其他专业对门体绝缘的影响和破坏，包括各个专业施工时的物料堆放、水泥砂浆的流淌、供水打压漏水、水管跑水等；二是运营期间环境温度、湿度的变化导致门体绝缘失效，这种情况既普遍又不可控。

金属结构门体站台门绝缘性能差，存在安全隐患：一是存在乘客被电击的可能性；二是在门体绝缘达不到要求时，如果进行轨道等电位连接，就相当于人为制造了由轨道通过站台门体到大地的杂散电流通路，接触网上的电流会有很大一部分顺着这个通路流掉，从而加快车站主体结构钢筋的电化学腐蚀，使车站主体土建结构强度降低，甚至存在主体结构垮塌的可能性，同时还将增加运营电费成本。鉴于地铁金属门体站台门存在绝缘安全隐患，开发一种由绝缘材料构成的复合门体地铁站台门（以下简称"复合门体"），以解决站台门门体绝缘性能差的问题。

复合门体应用特点：

(1)复合门体结构直接和站台土建结构连接，不需要再做绝缘处理，安装工艺简化。

(2)取消门体与钢轨间的等电位电缆连接，既可减少工程量，又能阻断轨道电路可能出现的杂散电流通路。

(3)站台门结构及其他金属构件等电位后直接接地，符合《低压配电设计规范》的相关要求。

(4)彻底消除站台门绝缘问题引起的运营安全隐患,保障乘客和司乘人员的人身安全。大大减轻站台门门体重量,且安装调试与金属结构门体一样,不增加任何额外工作量。

复合门体的外观可以依据业主和设计要求,采用表面热转印、涂覆膜、预压膜等多种工艺方法处理,达到多颜色、多质地、亮光、亚光等不同的美观效果。

目前,利用复合材料成型及加工技术制造的复合门体站台门样机已经完成结构测试,门体的各项机械性能指标完全符合要求。针对具体地铁线路中站台门系统的要求进行二次复合结构设计后,将实现复合门体的批量生产及在地铁车站站台上的应用。

我国站台门的发展经过引进、吸收、完全国产化以及未来新型复合材料的门体应用等阶段,是我国创新意识、自主意识的体现。

思政拓展

中国第一条地铁:北京地铁1号线

北京地铁始建于1965年7月1日,1969年10月1日建成通车,北京成为中国第一个拥有地铁的城市。

20世纪50年代末,中国开始规划在北京、沈阳、上海三座重要城市修建地铁,作为平战结合的战备防御手段。北京地铁首先开工,一期工程线路沿长安街与北京城墙南缘自西向东贯穿北京市区,连接西山的卫戍部队驻地和北京站,采用明挖填埋法施工。全长23.6公里,设17座车站和一座车辆段(古城车辆段)。

很多人回忆,那是个晴空万里的好天气。一条写有"北京地下铁道开工典礼"的白字红底横幅挂在会场上。北京地铁从规划开始就处于一个特定的历史年代,国际形势比较严峻,这就迫使我们不得不高度重视国防建设和战备工作。国家明确提出了地下铁道为三级防护等级(民用最高防护级别),要求具有三防的功能:防核武器、防生物武器、防化学武器。当时提出了地铁建设三条原则:"地上服从地下,交通服从战备,时间服从质量。"这三条原则始终贯穿于地铁一期工程建设的全过程。

北京地铁从早期规划建设到现在,已经过去了半个多世纪。如今,北京的城市轨道建设进入了新的发展阶段,四通八达、方便快捷的地铁,使市民的出行越来越方便了。

课后练习题

1. 简述城市轨道交通站台门的功能。
2. 城市轨道交通站台门主要分为哪几种?
3. 简述站台门系统的组成部分。

模块 2　站台门门体设备

门体设备的基本操作

 知识结构

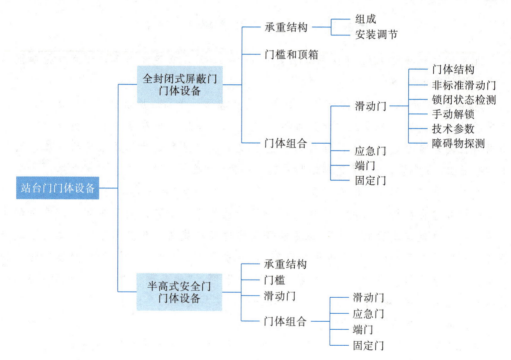

✎ 知识目标

1. 了解站台门的承重结构、门槛和顶箱。
2. 掌握各种门体的特点及功能。
3. 掌握各种门体的手动解锁方式。
4. 了解半高式安全门的门体结构。

模块 2
站台门门体设备

技能目标
1. 会手动操作滑动门、应急门和端门的开关。
2. 会进行门体的更换。

思政目标
1. 树立科学发展意识，推进科技创新。
2. 建立规范操作的职业素养，增强协作意识，树立团队精神。

滑动门、应急门、端门、固定门门体更换

站台门的设计风格强调的是用最小的可视结构部分和紧固件,来产生一个明亮的、精致的和具有现代感外观的建筑效果,同时能够承受相应的设计载荷。站台门门体如图2-1所示。

图2-1 站台门门体

以全封闭式屏蔽门为例,如图2-2所示,这是站台门的一组标准单元和一组非标单元的结构示意图。由图可知,站台门的门体设备由承重结构、门槛、顶箱以及门体组合等组成,其中门体组合包括滑动门、应急门、端门和固定门。

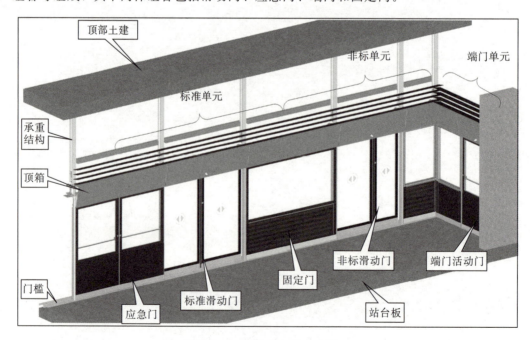

图2-2 站台门门体示意图

2.1 全封闭式屏蔽门的承重结构、门槛和顶箱

2.1.1 承重结构

站台门的承重结构为钢架结构,能承受站台门的垂直载荷、隧道通风系统产生的风压、列车运行时的活塞风压、乘客挤压力和地震、震动等载荷。其钢架结构是一个完整的受力构件,可以把站台门受到的载荷传递给土建结构。

全封闭式屏蔽门采用底部支承及顶部悬挂相结合的安装方案,如图 2-3 所示,其承重结构主要由顶部结构、立柱和底部支撑结构等组成。

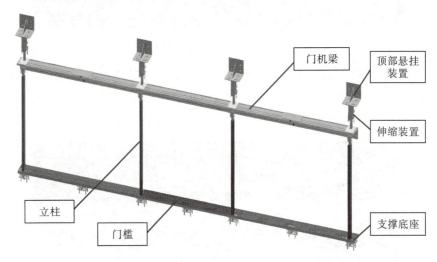

图 2-3 站台门承重结构图

1. 顶部结构

顶部结构由 L 形支架、槽钢梁、伸缩调节装置等组成。

L 形支架通过土建预埋件与站台钢筋混凝土顶梁连接,承受顶部结构的自重和传递荷载,如图 2-4 所示。

槽钢梁,也称横梁,通过螺栓与 L 形支架紧固在一起,承受水平剪切力和垂直力,同时也是顶箱安装的一个支撑构件。槽钢梁作为门体的重要支撑结构,保证门机梁处于自然悬挂状态和较简单的受力状态,保证门机单元内的传动机构及导轨不会因受力变形而影响滑动门的正常开启与关闭。

门机梁是滑动门门机设备的安装基体。每个门单元设置一套门机梁,门机梁通过设置在门单元间的立柱固定。

伸缩调节装置是通过垂直伸缩杆在绝缘件中上下移动和转动,起到多方向的伸缩

图 2-4　L 形支架与站台顶梁连接形式

调节作用。该装置能有效降低土建误差、站台的不均匀沉降对站台门系统的影响,消除温差引起的材料应力,能满足受力和土建结构变形的伸缩量。采用高性能绝缘件确保站台门系统与土建的绝缘。图 2-5 为伸缩调节机构示意图。

图 2-5　伸缩调节机构

整个顶部结构通过顶箱与门体连接构成一个完整的受力屏障,承受站台门系统内部载荷及外部环境载荷。

2. 立柱

立柱是承重结构中的主构件,是连接底部结构和顶部结构的关键部件,如图 2-6 所示。立柱下部与门槛相连,上部与门机梁相连;顶部可调节,使得门机梁和顶箱能够安装在准确的高度。立柱由方形型钢加工而成,立柱安装后外包发纹不锈钢,外形美观。

图2-6 站台门立柱

3. 底部支撑结构

固定支座是承担门体重量及外部荷载的基础,用来支撑站台门门槛及立柱。它与站台钢筋混凝土结构直接连接,达到直接传递荷载的作用。如图2-7所示,固定支座采用高强度穿透螺栓,通过土建预留孔连接固定在站台边缘预留槽内,预留槽下方放置一块钢板来加强连接效果。

图2-7 固定支座与站台板螺栓连接形式

固定支座采用 T 形支架结构，两块 T 形板可以方便地进行三维调节，满足调节施工误差的要求。在固定支座上方安装门槛，由竖向螺杆调节门槛的上下安装位置，这种结构可方便调节门槛的安装误差，从而保证门槛的安装精度。门槛 T 形支撑架的高度可在安装期间调整，随后安装到位。

门槛型材通过螺栓安装在底部固定支座上，固定支座可在水平和垂直方向进行调节，以满足安装调节要求，确保门槛安装不侵入限界。在门槛和固定支座之间装有绝缘件，绝缘值超过 500 MΩ，满足站台门与土建的绝缘要求。当绝缘材料遭到损坏或达到设计使用寿命时，可以借助专用举升设备托住门槛及立柱，然后松开紧固螺栓进行快速替换。图 2-8 为底部固定支座绝缘件安装示意图。

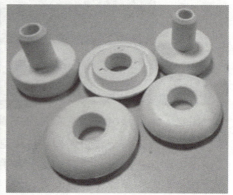

图 2-8　底部固定支座绝缘件

4. 安装调节方案

站台门承重结构安装调节方便，上部连接件与站台顶梁间、底部支撑结构与站台板间的设计满足工程安装的需要，上下两处均可实现三维调节，如图 2-9 和图 2-10 所示。

上部连接件的 L 形支架与站台顶梁的预埋件用螺栓连接，根据现场情况可采用 L 形支架上的横向腰形孔来实现 Y(垂直于轨道)方向不小于±50 mm 的调节；通过与 L 形支架连接的垂直伸缩杆的纵向腰形孔可以实现 X(平行于轨道)方向不小于±50 mm 的调节；通过 L 形支架的竖向腰形孔可以实现 Z(垂直于站台面)方向不小于±35 mm 的调节。伸缩调节装置中的垂直伸缩杆在绝缘件中可上下移动，可以有效解决因土建沉降引起的站台门结构变形，从而不影响站台门的正常运行。

底部支承结构的固定支座与站台边缘土建预留孔，通过高强穿透螺栓连接固定在站台板边缘上，通过条形预留孔可以实现 X(平行于轨道)方向不小于±50 mm 的调节；通过底部支承结构下 T 形座上的腰形孔可以实现 Y(垂直于轨道)方向不小于±50 mm 的调节；根据现场情况，利用上部及下部 T 形板 Z 方向上的腰形孔可实现高度 Z(垂直于站台面)方向不小于±35 mm 的调节。

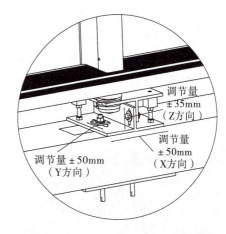

图 2-9 站台门上部连接件安装调节方案　　图 2-10 站台门底部支承结构安装调节方案

2.1.2 门槛

门槛包括滑动门门槛、应急门门槛、固定门门槛和端门门槛。所有门槛采用铝合金(6063,采用阳极氧化表面处理,厚度不小于 25 μm),满足 30 年以上使用寿命要求,并保证结构外形及尺寸统一。站台门门槛效果图如图 2-11 所示。

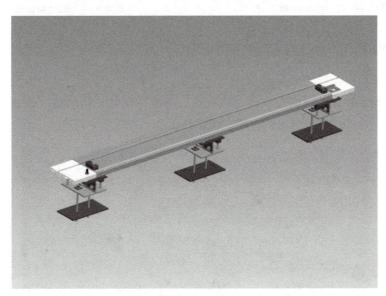

图 2-11 站台门门槛效果图

如图 2-12 所示,门槛上有贯通的导槽,与滑动门门扇下缘导靴组成往复滑动的运动副,不仅为门扇开关起导向功能,并且能保持滑动门门扇运行平稳。门槛导槽便于清扫,导槽的贯通设计,可以防止因杂物堵塞影响滑动门导靴运动而不能关闭滑动门的故障。

门槛踏面平整无障碍，表面做耐磨防滑处理，以保证乘客上下车安全、无绊倒危险。门槛能承受乘客荷载 225 kg（按 75 kg/人，共 3 人计），且没有任何方向的位移和变形，挠度不大于 1/1 000。滑动门门槛上表面靠近站台处制作凹槽，内添性能优良的自发光带，当滑动门开关时提供一条安全带，以提醒上下车乘客注意安全。发光带效果如图 2-13 所示。

图 2-12　门槛导槽

图 2-13　发光带效果

2.1.3　顶箱

顶箱由活动前盖板、固定前盖板、后盖板、门楣梁等组成。顶箱内设置有门单元驱动机构、锁紧装置、门机控制器、门机梁、导轨、门状态指示灯、就地控制盒等部件。顶箱对上述部件起密封保护作用。顶箱如图 2-14 所示。

图 2-14　顶箱实物图

顶箱活动前盖板上配锁，前盖板在解锁后能打开，开启角度不小于70°，并设置有伸缩定位的支撑装置，便于进行门机内部的检修维护工作。

如图2-15所示，顶箱上封板上部到达土建结构梁，中部通过绝缘橡胶条与下封板连接，既保证了密封要求，又满足了站台门顶部与土建的绝缘要求。顶盖板、前盖板、上封板、下封板及带毛刷的门楣梁形成密封顶箱内腔。前盖板与顶盖板连接处有橡胶密封；下封板及与门楣梁连接处有毛刷密封结构；在前盖板的边缘装有可压缩的橡胶密封结构，当它在关闭和锁紧时，形成一个相对密封的空间。

顶箱的导向内容采用贴膜工艺，颜色、字体美观，风格与建筑装修协调一致。顶箱盖板的设计保证有足够强度，且耐腐蚀，使用寿命达30年以上。

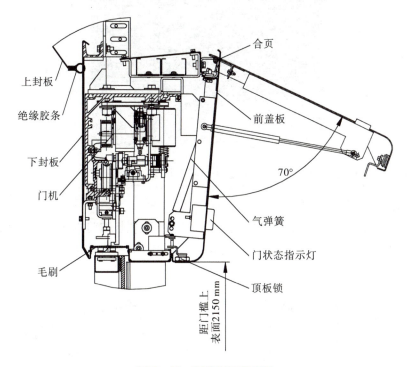

图2-15 顶箱剖面示意图

2.2 全封闭式屏蔽门门体组合

全封闭式屏蔽门门体组合包括滑动门、应急门、端门和固定门。

2.2.1 滑动门

滑动门（Automatic Sliding Door，ASD）指的是可以滑动启闭的门，为乘客提供正常上下车的通道。当地铁列车进站停稳后，滑动门随列车门打开，供乘客上下车；地铁列车离站后，滑动门处于关闭且锁紧状态，形成一道隔离站台区与轨行区的屏障。如图 2-16 所示，滑动门上设有滑动指示标识。全封闭式屏蔽门中的滑动门门体总高度约为 3.5 m，净高度为 2.15 m，处于中间位置的标准滑动门净开度为 1.9 m；首末两端非标准滑动门净开度为 1.7 m。

图 2-16　滑动门

1. 滑动门门体结构

滑动门的门体结构如图 2-17 所示。滑动门上方的挂板与门机的吊挂板连接。左右滑动门中间相对的竖框上装有互相啮合的橡胶条，用于密封和防夹伤。

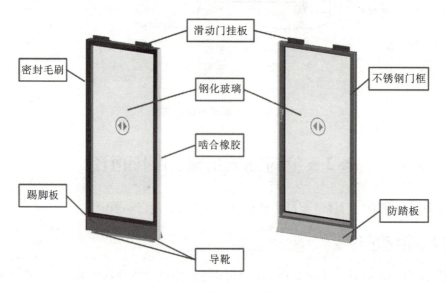

图 2-17　滑动门门体结构

为防止玻璃门体的损坏，可在门体下部设一定高度的踢脚板。滑动门轨道侧的下部设置防踏板，防止乘客在站台门与列车之间的缝隙停留。

滑动门轨道侧下横框安装有导靴，保证滑动门的平稳运行。滑动门下部导靴与门槛导槽之间为接触式结构，其间隙满足要求，并方便更换导靴。导靴更换示意图如图2-18所示。更换导靴时，先将防踏板拆除，然后从下方即可将导靴和导靴安装板拆除，不用拆掉滑动门就可实现导靴的更换。

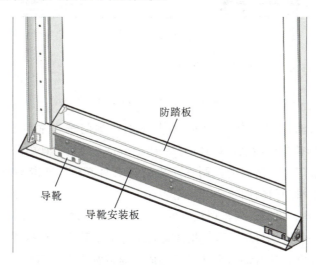

图 2-18　导靴更换示意图

2. 滑动门编号

滑动门和列车客室车门同时开关，数量一致。按照国际通用标准，城市轨道交通车辆分为 A、B、C 及 L 型四种。不同车型，列车的长度、宽度、乘客数量不同，每节车厢的车门数量也不相同。

以郑州地铁 2 号线为例，采用的是 B 型车，共 6 节编组，每节车厢有 4 道车门。滑动门与列车门对应，因此郑州地铁 2 号线每侧站台滑动门的数量为 24 道，滑动门编号设置为 1-1～1-4、2-1～2-4、…、6-1～6-4，也可采用编号 1～24。郑州地铁 5 号线采用 A 型车，每节车厢有 5 道列车门，因此每侧站台对应的滑动门有 30 道，滑动门编号设置为 1-1～1-5、2-1～2-5、…、6-1～6-5，也可采用编号 1～30。

3. 非标准滑动门

所有滑动门在打开、关闭状态时均不超出站台门的总长度。为了不影响司机的开门和瞭望，首末两端滑动门设置为非标准滑动门。

(1) 大小门方案。标准滑动门全开后所形成的通道规格不小于 1 900 mm(宽)，每扇滑动门行程 950 mm。首末两道单元设置为不对称滑动门，采用大小门的方案，小门设置在靠近端门一侧，设计小滑动门全开时不超过站台门(Platform Screen Door,

PSD)纵向限界，不影响司机的正常上下车。不对称滑动门全开状态示意图如图 2-19 所示。

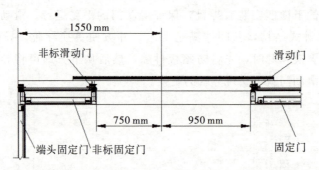

图 2-19　不对称滑动门

在首末两道滑动门的结构设计中，将其中的一扇门按正常滑动门设计（开度 950 mm），另外一扇门按非标滑动门设计（开度 750 mm）。门机设计中采用同步带轮变速机构，即可以按标准门机控制器的控制程序操纵首末两道非标准滑动门的正常开关，解决首末两道非标准滑动门的同步全开问题。

（2）套叠门方案。将靠近列车司机室的滑动门做成两扇门套叠的形式，另一侧滑动门为标准滑动门，如图 2-20 所示。此方案前端与尾端滑动门在打开、关闭状态时均不会超出门单元总长度，且滑动门全开后所形成的通道宽度保持不变。

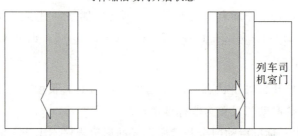

图 2-20　套叠门

4. 锁紧装置

对全封闭式屏蔽门和全高式安全门，每道滑动门的顶箱内都设置有一套锁紧装置。滑动门关闭后，该锁紧装置能防止任何外力作用将门打开。图 2-21 为某地铁采用的滑动门锁紧装置示意图。

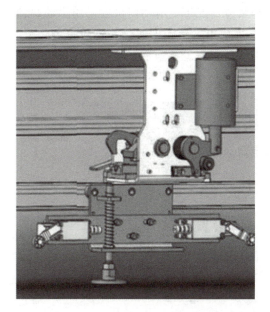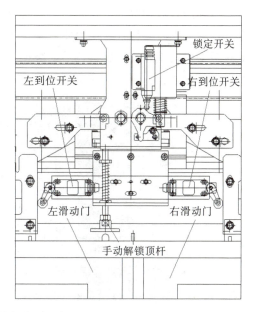

图 2-21　滑动门锁紧装置示意图

当滑动门处于关闭且锁紧状态时，地铁列车才允许进站或驶离车站。那么滑动门的锁闭状态如何检测呢？滑动门采用三个行程开关，其中锁定开关用来检测门扇锁定、解锁状态，采用顶杆式结构；左、右到位开关用来检测门扇是否关闭到位，采用摆臂式结构。每个开关具有多副常开、常闭触点。

对于锁定开关，其中一副常闭触点作为安全回路使用，常开触点用于门扇锁定、解锁状态检测。当门扇关闭时，门锁拨叉落下，锁定开关顶杆释放，恢复自由状态，使常闭触点闭合，安全回路接通。对于到位开关，其中一副常开触点作为安全回路使用，常闭触点用于门扇到位、打开状态检测。当门扇关闭时，门体挂件压下摆臂，使常开触点闭合，安全回路接通。同时，锁定开关和左、右到位开关的检测信号传至该滑动门单元门机控制器，门机控制器处理后传至中央控制盘，再由中央控制盘上传到综合监控系统进行显示和报警，如图 2-22 所示。

图 2-22　滑动门状态信号传送图

不同厂家生产的滑动门锁紧装置不同,有些门锁装置采用光电传感器进行滑动门锁闭状态的检测。

5. 手动解锁

滑动门设置了手动解锁机构,与设置在顶箱内的锁紧装置联动。在正常运营模式下,滑动门为电动解锁;在非正常运营模式和紧急情况下,滑动门可以采用手动解锁。手动解锁方式有两种:在站台侧,站台工作人员采用三角钥匙解锁;在轨道侧,乘客通过扳动门把手解锁。轨道侧手动解锁门把手从站台侧看是隐形把手,但在轨道侧看,有明显的标志,如图 2-23 所示。

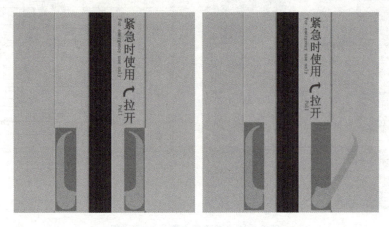

图 2-23 滑动门把手解锁示意图

紧急情况下,允许乘客通过门把手打开滑动门,具体操作步骤及原理:乘客扳动解锁把手,解锁机构顶起在门框内的顶杆,这个顶杆在垂直方向顶起手动解锁装置底部的圆盘,带动锁紧装置而使门锁解锁。同时,手动解锁行程开关触发,所发出的信号传递给门机控制器,滑动门声光报警装置将报警。经过数秒时间(可设置)后,重新恢复通电,滑动门将自动关闭。当接收到一个"门关闭且锁紧"的信号后,门机控制器才恢复到正常的操作模式。关门的动作将使解锁装置自动复位并锁紧门,滑动门恢复至安全状态。为方便乘客辨认和操作手动解锁装置,在滑动门框背面设有醒目操作标识,提醒乘客正确操作。

滑动门、应急门、端门、顶箱和侧盒的钥匙孔设有防止无关人员损坏的措施,锁与钥匙采用通用设计,车站有关工作人员使用 1 把三角钥匙可以打开所有的滑动门、应急门、端门及顶箱和侧盒,而且全线站台门的钥匙保持一致。三角钥匙如图 2-24 所示。

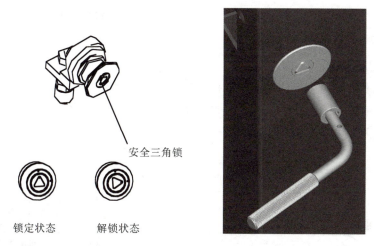

图 2-24 三角钥匙示意图

6. 滑动门的技术参数

(1) 滑动门电动关门力不能大于 150 N。电动关门力是指滑动门在关门过程中,加速阶段完成之后,行程超过 1/3 的范围内所测量的最大阻力。测量方法为在门匀速运动阶段,使用测力计给门施加一反作用力,电机不断电,测量门运动速度为零时的反作用力大小。

(2) 滑动门运动的动能。关门过程中,在最后 100 mm 的行程中动能不超过 1 J/扇门,在行程中的最大动能不超过 10 J/扇门。

(3) 从轨道侧手动打开滑动门、应急门、端门所需要的力:手动解锁所需要的力≤67 N;手动将门打开所需的最大力≤133 N,手动关门力≤133 N。

(4) 滑动门与列车门的开关过程时间相匹配,且在一定范围内可调节,同步精度不大于 0.1 s。

(5) 滑动门的开启速度为 0.1~1.0 m/s,关闭速度为 0.1~0.8 m/s,全程无级调速。

(6) 滑动门与立柱装饰扣板之间间隙不大于 5 mm,设置有防夹胶条防止夹伤乘客手指,且不影响滑动门正常开关。滑动门与立柱、固定门间密封结构示意图如图 2-25 所示。

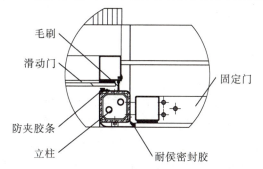

图 2-25 滑动门与立柱、固定门间密封结构示意图

(7)站台门的滑动门与门槛的间隙不大于 5 mm，站台门的应急门、端门与门槛的间隙不大于 10 mm。

7. 障碍物探测

滑动门具有障碍物探测功能，能探测到最小障碍物为 5 mm（厚）×40 mm（宽）的物体。进行障碍物探测试验时，5 mm 厚度障碍物放于门行程直线上，40 mm 宽度障碍物放置于行程直线垂直位置，如图 2-26 所示。

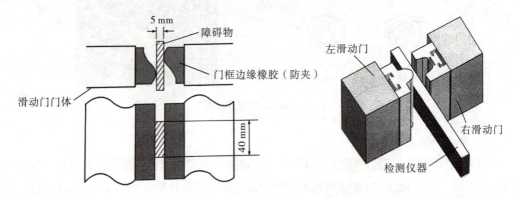

图 2-26 障碍物探测示意图

滑动门关门受阻时，门操作机构能通过门机控制器检测到有障碍物存在并释放关门力，然后后退一定距离(后退距离可调)，门停顿 2 s(停顿时间应在 0~10 s 范围内可调)后再重新关门，重复关门 3 次(1~5 次可调)，门仍不能关闭时，滑动门全开或后退一定距离并进行报警，等待处理。

【想一想：滑动门是怎样进行障碍物探测的呢？滑动门和电梯门的障碍物检测原理相同吗？】

滑动门通过门机控制器来进行障碍物检测。在滑动门关闭过程中，夹到障碍物后，关门阻力大于门体关门力阈值时，电流值达到设定阈值，从而判断出滑动门运动过程中遇到障碍物，此时门机控制器驱动电机反转，使滑动门开启，探测障碍物的次数及滑动门开启的宽度由门机控制器预先设定的程序控制。

障碍物探测及处理

2.2.2 应急门

应急门(Emergency Escape Door，EED)指的是列车进站停车后，列车门无法对准滑动门时，供疏散乘客的门，如图 2-27 所示。应急门设置在固定区域位置，一般在站台头、尾、中间位置各设置一道应急门，也可在每节车厢对应位置各设置一道应急门。正常运营时，应急门应保证关闭且锁紧，在站台公共区与轨行区之间起隔离作用；当列车进站无法对准滑动门时可作为乘客应急疏散通道。

图 2-27 应急门

如图 2-28 所示，应急门主要由门扇、上下门轴、密封橡胶条、密封毛刷、推杆锁、钥匙锁、开门把手和踢脚板等部分组成。应急门为常见的推开方式，因此应急门左右门扇在靠近外框侧需要安装上下门轴。应急门向站台侧旋转 90°对开，能定位保持在 90°开度，不自动复位。开、关门时锁销及门扇部件与站台地面之间无摩擦现象。

图 2-28 应急门结构示意图

在正常运营模式下，应急门用来隔断站台和轨道，因此设有门锁装置，避免因为隧道通风系统的风压或者列车运行时产生的活塞风压等原因而自动打开。站台工作人员可在站台侧用三角钥匙开门，乘客可在轨道侧按压推杆将门打开。开门推杆外部粘贴黄色警示标识，开门推杆与门锁的联动机构隐藏于门框中不外露，推杆有效作用部分为通长设置。

如图 2-29 所示，应急门的门锁装置设计合理，门锁在锁定位设计有限位块，以防止出现锁不住或过锁的现象。锁孔有标记，标识锁定及未锁定状态，钥匙行程不超过 90°。

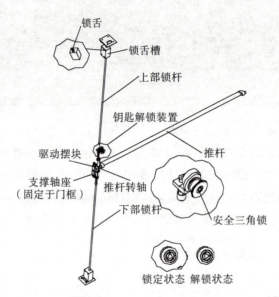

图 2-29　站台门应急门锁装置示意图

如图 2-30 所示，应急门左右门扇分别采用两个行程开关，其中一个用来检测门扇锁定，采用顶杆式结构；另一个用来检测门扇关闭到位，采用摆臂式结构。每个开关具有多副常开、常闭触点。其中一副常开触点作为安全回路使用，当门扇关闭时，门体顶部碰触开关顶杆，使该触点闭合，安全回路接通。另一幅常闭触点作为门扇锁定-打开或到位-打开状态检测，门扇关闭时，门体碰触开关摆臂，使该触点断开；门扇打开时，摆臂恢复自由状态，使该触点接通。同时，应急门锁闭信号和解锁状态信号传至相邻滑动门单元门机控制器（DCU），DCU 处理后传至中央控制盘（PSC），再由 PSC 上传到综合监控系统进行显示和报警。

应急门锁闭信号串入安全回路。在应急门上方设置有门状态指示灯，应急门在未"关闭且锁紧"状态下，其门状态指示灯会发出声光报警。

当停车不利时，列车门会与滑动门发生错位，使得乘客不能正常使用滑动门上下车，在此情况下，乘客可通过列车门与应急门的对应口上下车，应急门打开后的通道宽度为 2 272 mm，远大于列车门的宽度 1 300 mm。此通道完全可供疏散乘客使用。应急门的设置方案如图 2-31 所示。

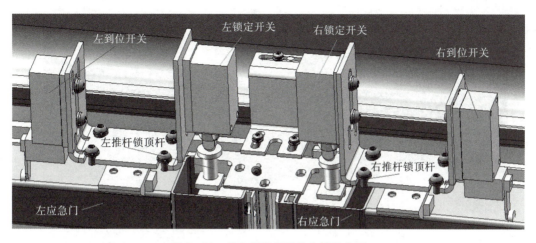

图 2-30 站台门行程开关安装示意图

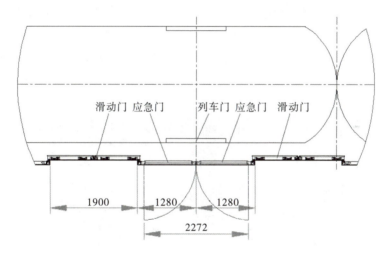

图 2-31 应急门设置方案

2.2.3 端门

端门（Manual Secondary Door，MSD）设置在站台的两端头，是工作人员进出隧道的通道；当列车在区间隧道发生火灾或故障时，端门也会成为疏散乘客的通道。端门与纵向站台边垂直，单侧站台有两套端门，端门活动门净开度为 1 200 mm，如图 2-32 所示。

端门在机械结构、门锁以及解锁方式上都与应急门相同。正常运营时，端门应保证关闭且锁紧，不会由于风压而导致端门解锁打开；当工作人员进出隧道时，在轨道侧通过推压门锁推杆开门，在站台侧用三角钥匙配合隐形门把手开门，如图 2-33 所示。

图 2-32 应急门

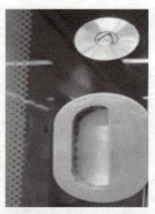

图 2-33 端门站台侧三角钥匙孔及隐形门把手

如图 2-34 所示,端门检测开关也采用两个行程开关,其中一个用来检测门扇锁定,采用顶杆式结构;另一个用来检测门扇关闭到位,采用摆臂式结构。每个开关具有多副常开、常闭触点。端门的锁闭状态检测信号传至相邻滑动门单元 DCU,DCU 处理后传至 PSC,再由 PSC 上传到 ISCS 进行显示和报警。端门锁闭信号不串入安全回路。

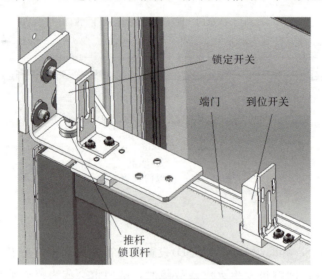

图 2-34 端门行程开关布置图

端门可向站台侧旋转 90°平开,能定位保持在 90°开度,未在全开位置时端门能自动复位至关闭。端门开启时间超过 30 s(0~5 min 可调)时报警。地铁列车进入或驶离站台时,端门切勿处于打开状态,否则列车运行所引起的风压有可能将端门迅速打开或关闭而造成门扇的损坏。在端门上方设置门状态指示灯,端门开启时,指示灯亮,关闭并锁紧时指示灯灭。

2.2.4 固定门

固定门（Fixed Panel，FIX）是门体结构中不能打开的玻璃隔墙，设置在滑动门与滑动门之间、滑动门与端门之间，在站台公共区与隧道区域之间起隔离作用，如图 2-35 所示。根据固定门的宽度差异，又分为标准固定门，车厢间固定门和首末端固定门。

图 2-35　固定门

固定门上部与门楣连接，下部与门槛销轴连接，左右两侧与立柱通过插接结构相连。固定门玻璃边缘采用丝网印刷黑色彩釉装饰边框，用以遮挡门框结构。固定门与周边立柱、门楣、门槛之间的缝隙采用橡胶条密封。在门玻璃上设置必要的防撞标识。

2.2.5 玻璃

站台门门体玻璃采用高强度防火铯钾玻璃，耐火温度在 1 000 ℃以上；也可根据客户要求，使用一般钢化玻璃。

玻璃周边采用彩釉和丝网印刷，用以遮挡门框结构，既有防撞提醒功能，又美观大方，如图 2-36 所示。

图 2-36　玻璃周边边示意图

玻璃厚度及强度均满足设计荷载要求,在最大荷载条件下不会破碎或产生永久变形。滑动门、端门玻璃厚度不小于 8 mm;固定门、应急门玻璃厚度不小于 10 mm。

玻璃有 3‰ 的自爆率。门体玻璃的损坏,一般来说可采用先整体更换,然后再修复损坏的门扇备用,滑动门更换时间为 28 min/扇,应急门及固定门更换时间为 25 min/扇。

玻璃与门框黏结材料、密封胶材料牌号、参数、黏结材料厚度和密封缝的宽度均满足相应规范、规定要求。

2.3 半高式安全门门体结构

半高式安全门的门体高度为 1.2～1.5 m,其门体结构由承重结构、滑动门、应急门、端门、固定门、门槛和固定侧盒等组成,如图 2-37 所示。

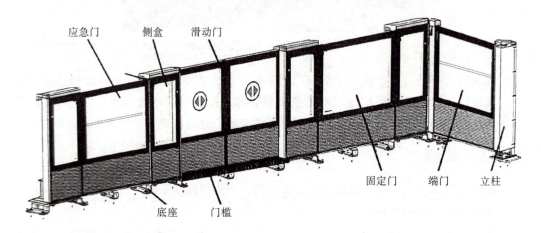

图 2-37 半高式安全门门体结构

1. 承重结构

半高式安全门采用全底部连接安装方式。如图 2-38 所示,底部支撑件与站台板混凝土结构相结合,采用高强度穿透螺栓进行紧固安装,使整个站台安全门稳定、可靠。承重结构为安全门安装的基础件,最初安装完成后,在使用寿命内不进行任何调整及维护。

2. 滑动门

滑动门关闭时,将站台公共区与轨行区间隔开;打开时,为乘客提供上、下车的通道。滑动门设置有锁紧装置,滑动门关闭后,该锁紧装置能防止外力作用将门打开。滑动门自动开启时,锁紧装置能自动释放。当发生故障时,可采用开门把手或钥匙手动释放锁紧装置。滑动门的结构如图 2-39 所示。

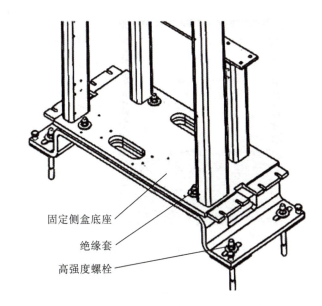

图 2-38 半高式安全门的承重结构

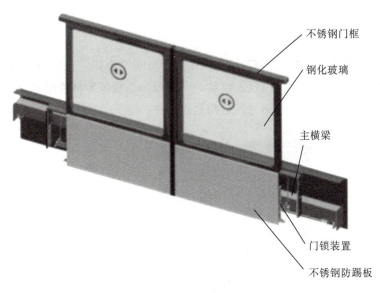

图 2-39 半高式安全门的滑动门

3. 应急门

应急门设置在固定区域位置。正常运营时,应急门应保证关闭且锁紧,在公共区和轨行区之间起隔离作用;当列车进站无法对准滑动门时,可作为乘客应急疏散通道。可在轨道侧推压应急推杆或在站台侧用专用钥匙解锁开门。应急门的结构如图 2-40 所示。

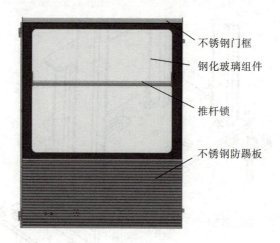

图 2-40 半高式安全门的应急门

4. 端门

端门安装在整侧站台门的首尾两端头。端门是车站工作人员进出隧道的通道。当列车在区间隧道发生火灾或出现故障等意外情况时,端门也可作为疏散人群的紧急通道。端门的结构、功能及操作同应急门。

5. 固定门

固定门设置在滑动门与滑动门之间,滑动门与端门之间,在站台公共区域与轨道区域之间起隔离作用,主要由门框、玻璃、不锈钢防踢板等零部件组成,如图 2-41 所示。固定门通过两侧的安装支架与固定侧盒连接在一起。

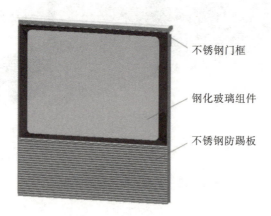

图 2-41 半高式安全门的固定门

6. 固定侧盒

滑动门两侧设固定侧盒。固定侧盒是半高式安全门的重要部件,由结构框架、玻璃和不锈钢外包材(304 L)、滑动门导向装置等组成,如图 2-42 所示。固定侧盒内设置安全门的驱动机构、门锁装置、门机控制器、就地控制盒、配电端子箱、门状态指示灯等部件。侧盒对上述部件起密封保护作用，并便于安装、调试、使用、维护和检修。侧盒内的各种电气组件及机械部件合理固定，并符合相关标准规范要求，在列车运行和滑动门工作时固定侧盒及内部元器件不产生震动。固定侧盒安装在底部支承上，固定侧盒与底部支承之间采用绝缘安装，使整个站台门整体对地绝缘，绝缘值不小于 $0.5\ \mathrm{M\Omega}$。

图 2-42 半高式安全门的固定侧盒

每道滑动门配有两个门状态指示灯（Door Open Indicator，DOI），分别置于滑动门左、右两侧的固定侧盒上，如图 2-43 所示，两个门状态指示灯功能一致，动作同步。

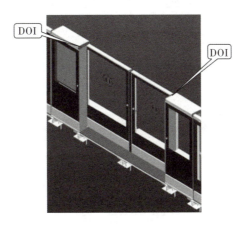

图 2-43 半高式安全门的门状态指示灯

思政拓展

全国首例！模块化装配式站台门落地广州地铁18号线

2021年由广州地铁集团有限公司、广州地铁设计院、广州新科佳都科技有限公司联合研发的模块化装配式站台门，顺利在广州轨道交通18号线沙溪站实现交付，成为我国首例落地应用的模块化装配式站台门。传统站台门安装模式是以散件现场组装、调试，再进行磨合测试，存在安装工序繁多、效率低、人力成本高、管理难度大、运维成本高，并且物料存放凌乱、工业垃圾多等难点、痛点。

对此，广州地铁集团有限公司、广州地铁设计院2020年3月联合佳都科技开展模块化站台门研发，团队仅仅通过9个月时间就攻克了诸多设计难点，包括模块化组成、运输工装、安装工装等。通过三维建模、力学有限元分析，反复考察、修改和验证，从无到有，最终实现了传统站台门安装模式的突破。模块化样机于2020年12月25日成功出厂并通过各项验收。

课后练习题

1. 全封闭式屏蔽门的承重结构主要包括哪些部分？
2. 简述站台门门体组合中各种门体的作用和特点。
3. 简述滑动门的障碍物探测功能。
4. 简述站台门门体组合中各种门体的手动解锁方式。

模块 3
站台门门机系统

📎 知识结构

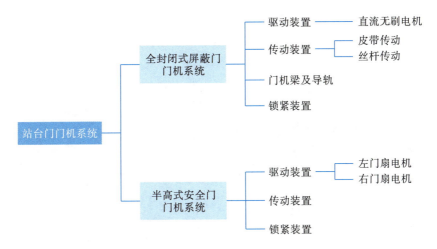

🔑 知识目标

1. 掌握全封闭式屏蔽门门机系统的组成。
2. 了解全封闭式屏蔽门门机系统中，两种传动方式的特点。
3. 掌握全封闭式屏蔽门门机系统中，皮带传动的工作原理。
4. 掌握全封闭式屏蔽门门机系统中，锁紧装置的动作过程。
5. 掌握半高式安全门门机系统的组成。
6. 掌握半高式安全门门机系统中传动装置的工作原理。

城市轨道交通**站台门系统及检修技术**

 **技能目标**

1. 会更换滚轮托板组。
2. 会更换锁紧装置。

 **思政目标**

了解大国重器,了解制造强国的含义。

模块 3
站台门门机系统

门机系统是滑动门的操作机构,用以实现滑动门的锁紧、解锁和开门、关门动作。门机系统要保证两扇滑动门同步运行且运行平稳,在站台侧方便维修,易于调换。

3.1 全封闭式屏蔽门门机系统

全封闭式屏蔽门的门机系统安装在顶箱内,包括驱动装置、传动装置、门机梁及导轨、锁紧装置、门机控制器等部件。门机系统的工作原理是在门机控制器的控制下,电机和传动机构驱动滑动门门体水平移动,从而实现滑动门的开启和关闭。

3.1.1 驱动装置

驱动装置由电机与减速器组成。电机是滑动门的动力来源,一般为直流无刷电机,该电机具有以下优点:

①使用寿命长,连续运行时间可达 50 000 h。

②采用电子换向装置取代传统直流电机的机械式电刷换向器,在运行过程中无换向火花和电磁干扰,省去更换电刷的麻烦,免维护。

③电子换向,基本无发热现象;比较平稳,运行可靠,效率较高。

④易实现变频调速,能耗低。

⑤基本无干扰现象。

图 3-1 为德恩科电机有限公司生产的直流无刷电机和减速器,电机型号为 BG 65×75,参数如表 3-1 所示,其连续运行时间可达 50 000 h。减速器为蜗轮蜗杆减速机 SG 80 K,参数如表 3-2 所示,减速比为 10∶1,表面最高温升 104 ℃。该电机的外壳保护等级不小于 IP 54,绝缘等级 F。选用电机负载计算标准:两个开、关门周期间隔最多 120 s。

滑动门电机
的更换方法

图 3-1 电机实物图

表 3-1 门机系统电机参数表

项目	参数	项目	参数
电机型号	BG 65×75	额定转差率/%	0
额定功率/W	134	功率因素(cosΦ)	0.99
额定电压/V	110	转矩常数(k_t)/(N·m/A)	0.22
最小电压/V	75	电机额定扭矩/(N·m)	0.4
最大电压/V	140	电机转动惯量/(N·m^{-2})	0.000 172
反电动势系数(K_e)/[V·(1 000 r·min^{-1})$^{-1}$]	30.58	电机绕线电阻/Ω	1.83
电机额定电流/A	1.8	绝缘等级	F
启动电流/A	54(最大)	外壳保护等级	IP 54
额定转速/(r·min^{-1})	3 200	电机、减速机表面温度/℃	104(最大)

表 3-2 减速机参数表

主要参数	符号	单位	数值
效率	η	%	80
传动比	i	—	10
最大输出扭矩	M	N·m	8

电机采取门机控制器控制的工作模式，由门机控制器根据预先设定的速度曲线进行驱动。电机的转动位置由霍尔传感器或光电编码器检测，由门机控制器采用脉宽调制技术或矢量控制技术实现闭环控制及位置控制。当电机的旋转速度大于预定的速度时，减小电压输出的占空化，降低电机的旋转速度，使电机的实际速度能够无限接近设定的速度；当电机的旋转速度小于预定的速度时，增大电压输出的占空比，增大电机的旋转速度，使电机的实际速度能够无限接近设定的速度。同时，通过检测电机转动的周期和相位，可以计算出电机的转动位置，即滑动门的位置信息。

3.1.2 传动装置

目前市场上门机系统的传动装置主要有两种：皮带传动和丝杆传动。

1. 皮带传动

如图 3-2 所示，皮带传动装置由带轮、齿形同步带、张紧装置、皮带挂件等组成，导轨靠在门机梁的定位台阶上，上下通过螺栓和门机梁连接，稳固可靠。电机在控制系统指令下通过减速机驱动"主动轮—皮带—从动轮"进行往复循环运动；连接在皮带上的挂件，通过滚轮拖板组带动吊挂于其上的滑动门进行往复运动，从而实现滑动门的开关门动作。从动轮侧设置了张紧装置，方便定期进行张紧维护；皮带挂件可左右任意调节位置，便于左右滑动门吊挂位置调整。

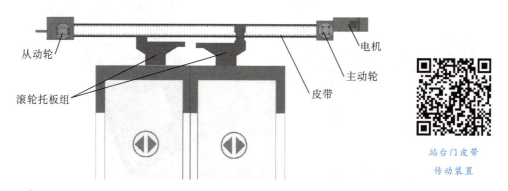

图3-2　皮带传动的结构形式

滚轮托板组，又称为门挂板，用来悬挂滑动门，为主要受力部件。每扇滑动门设置两个滚轮拖板组，每个滚轮拖板设计两个导向承载的滚轮。如图3-3所示，滚轮托板组主要由皮带锁扣、皮带连接板、等电位装置、滚轮装置、行走托架板、锁销等组成。图3-4为滚轮托板组实物图。

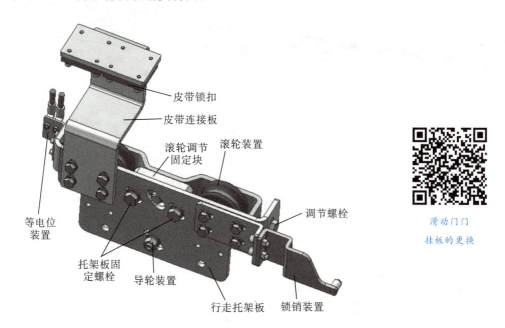

图3-3　滚轮托板组结构示意图

皮带传动的主要优点：皮带的安装和更换快捷方便、低噪声、免润滑、备件成本较低。主要缺点：皮带更换周期短、传动的可靠性较低、同步皮带的张紧力在日常维护期间需要定期检查和调节，总体维护成本较高。

图 3-4　滚轮托板组实物图

2. 丝杆传动

丝杆传动主要由一根双向螺纹丝杆以及两个螺母实现传动动作，具体结构形式如图 3-5 所示。

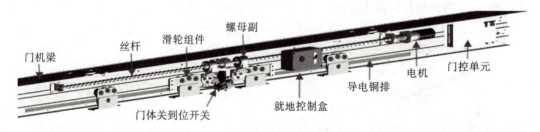

图 3-5　丝杆传动的结构形式

其运动原理是带减速箱的直流无刷电机接收驱动信号驱动丝杆转动，丝杆两端分别由左旋螺纹与右旋螺纹组成，丝杆传动时带动螺母副做左右直线运动，螺母副与安装在滑动门上的悬挂装置（携门架与承载小车）通过锁叉柔性连接，从而带动滑动门的左右运动。

丝杆传动具有运行平稳、寿命长、维护成本低的优点，但是丝杆加工成本高，丝杆门机系统前期投入成本较高。

3.1.3　门机梁及导轨

门机梁是滑动门驱动装置、传动装置、锁紧装置等的安装基体，如图 3-6 所示。门机梁上预留有安装电机、传动机构、锁紧装置、控制单元等部件的螺栓孔或槽。每个门单元设置一套门机梁，门机梁通过设置在门单元间的立柱固定。

门机梁满足最大工作载荷组合情况下的工作要求，门机梁上的运行导轨耐磨，各种水平荷载不会造成门机梁在水平方向的变形。门机梁上的各种电气组件及机械部件合理固定,符合相关标准规范要求。在列车运行和滑动门动作时,顶箱及其内部元器件不产生震动,方便检修和拆换。门机梁具有较强的抗弯能力,在承受两扇滑动门及门机自重的情况下,能够保证门机梁及导轨本身的稳定性。并且门机梁及导轨能够承受滑动门按照设计要求的强度运行时,对门机梁产生的疲劳载荷。

图 3-7 为导轨及滚轮拖板组合示意图。滚轮托板组的导轨靠在门机梁的定位台阶上,上下通过螺栓和门机梁连接,稳固可靠。

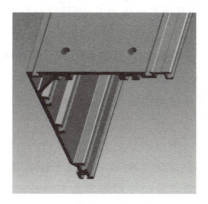 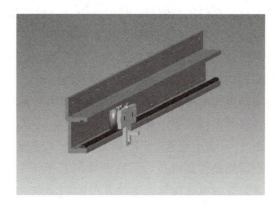

图 3-6　门机梁型材截面示意图　　　图 3-7　导轨及滚轮拖板组合示意图

每扇滑动门设置两组滚轮拖板组,每组滚轮拖板设计了两个导向承载的滚轮,导向承载滚轮的弧形接触面与导轨表面啮合。如图 3-8 所示,导轨上部设计了防倾覆结构,保证门体在受到风压后,滚轮与导轨间的啮合行走运行平稳、噪声小。导轨表面是不锈钢(牌号 316),与滚轮接触的导轨表面通过燕尾槽结构镶嵌到导轨上,保证与导轨的啮合面光滑且耐磨,同时保证了啮合的稳定性。

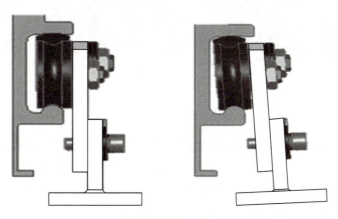

图 3-8　导轨及滚轮拖板组合示意图

3.1.4 锁紧装置

将滑动门顶箱前盖板打开后可在门机梁正中位置看到门锁,即锁紧装置,又称闸锁。锁紧装置可保证滑动门电动或手动关上后能可靠锁闭,防止任何外力作用将门打开;在电动或手动解锁时,又能灵活可靠解锁。

锁紧装置包括机械部分及电子部分。机械部分保证滑动门运行至锁定位置后能够锁定。电子部分能够通过行程开关或传感器检测滑动门的状态,并将该道滑动门当前的状态反馈至门机控制器,同时将滑动门的关闭、锁紧状态提供给安全回路应用。

锁紧装置常采用电磁锁。电磁锁的核心原理是门体关闭时电磁锁通过电磁动作带动机械锁钩等装置动作实现锁闭,同时配合行程开关反馈是否真正锁闭;与手动解锁配合实现机械解锁。电磁锁按电磁铁线圈额定电压分有 DC 48 V 和 DC 110 V 两种,一般与驱动电机电压相配套。滑动门的锁紧装置设置有自动锁定、"门到位且锁定"位置检测、自动解锁及手动解锁功能。

图 3-9 为中船重工 713 研究所生产的锁紧装置,为电磁铁解锁式机械锁闭,滑动门开启瞬间提供高电压,门打开瞬间直至下一次开门之前电磁铁一直处于断电状态。该锁紧装置的电磁铁仅在电动开门瞬间通电,因此电磁铁的使用寿命大大延长;解锁状态设置保持机构,即使断电的情况下依然能够保证滑动门可靠关闭,保证乘客的安全。

(a) 锁的正面

(b) 锁的背面

闸锁的结构组成

图 3-9 锁紧装置实物图

当两扇门电动或手动关至关闭位置时,安装在每扇滑动门滑轮拖板组上的锁销滑入锁钩啮合锁闭,使滑动门不被非法打开。锁紧装置采用两个同模数、同齿数的齿轮啮合,分别与两根转轴连接,通过齿轮传动使左右锁钩同步张开或闭合完成滑动门解锁与锁定;采用导轨滑块结构解决了滑动门关门是否到位和门是否锁定的一并检测,并在自动锁定过程中发送"门关闭到位且锁定"信号。

当执行开门前,门机控制器发出通电命令,电磁铁通电将锁钩转动拉起一定角度实现解锁，使行程开关触发，随即门机控制器发出开门命令，左右滑动门背向运动一段距离便脱离锁钩的水平约束。与此同时，电磁铁断电，由滑块保持行程开关门已开状态。滑动门继续移动到门全开位置。同样，当执行关门前，门机控制器发出关门命令，电机动作，两扇滑动门相向运动，在门关闭位置每扇滑动门行走托架上的锁销滑入锁钩啮合锁闭，同时行程开关触发，发出门关且锁闭信号。

图3-10为深圳方大生产的锁紧装置，主要由电磁铁、一对联动的锁销、关闭锁紧确认开关和手动解锁开关组成。

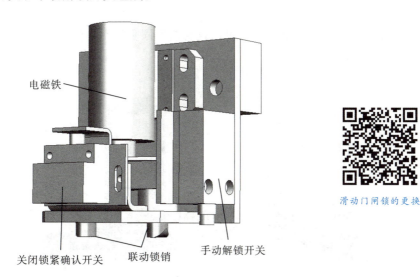

图3-10 深圳方大锁紧装置实物图

图3-11描述了滑动门在电驱动或手动关闭时的锁紧装置动作的3个阶段。当滑动门移动至关闭位置时，安装在滑动门顶部的撞块撞击锁紧装置上的联动插销，使其受力向上抬起；当滑动门关闭到位后，联动锁销在弹簧和自身重力的作用下自动下落并卡在撞块外侧，此时滑动门关闭且锁紧，同时关闭锁紧确认开关被压下并发出滑动门被锁闭信号，除非进行通电或通过手动解锁，否则滑动门无法打开。

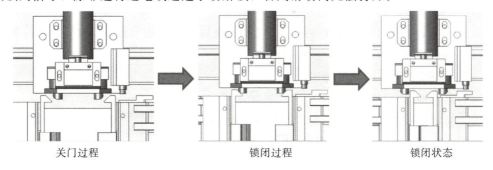

图3-11 锁紧装置动作示意图

出于安全性和可靠性的考虑，还设置了手动解锁功能，在紧急情况下，可以通过站台侧的三角钥匙或轨道侧的门把手进行手动开关门。

3.2　半高式安全门门机系统

半高式安全门门机设备安装在滑动门门体下端的固定侧盒内，主要由驱动电机、传动皮带、闭锁解锁装置、门机控制器等组成，如图3-12所示。

目前，国内外半高式安全门多采用一控两驱形式，后期维护方便。一控两驱是指左右滑动门均各自设置一套传动装置，通过门机控制器同步控制左门电机和右门电机，以实现左右门体运动的一致性。

图3-12　半高式安全门的门机设备

1. 驱动装置

驱动装置由电机与减速器组成。左右滑动门的承载驱动机构为等高度的结构，单侧承载驱动机构示意图如图3-13所示。电机一般采用直流无刷电机，该电机具有如下优点：

（1）采用电子换向装置取代传统直流电机的机械式电刷换向器，在换向过程中无换向火花和电磁干扰，省去更换电刷的麻烦。

（2）电子换向，基本无发热现象。

（3）运行平稳、可靠、效率高。

（4）易实现变频调速，能耗低，无干扰现象。

（5）使用寿命长，连续运行时间达到50 000 h。

（6）电机外壳防护等级为不小于IP 54，绝缘等级为F。

（7）选用负载负荷计算标准，两个开关门周期间隔最多120 s。

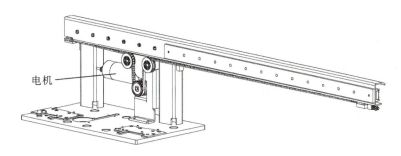

图 3–13 驱动装置

2. 传动装置

半高式站台门采用齿形同步带传动，由皮带、带轮、张紧轮、皮带夹紧装置和限位装置等组成。皮带通过皮带夹紧装置与导轨及活动门门体连成一体，电机驱动皮带通过皮带夹紧装置把驱动力传递给滑动门实现其运动。传动装置结构示意图如图 3–14 所示。

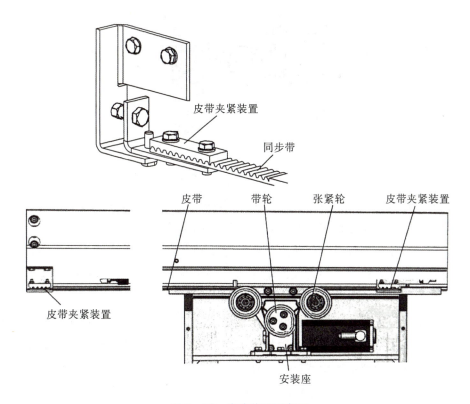

图 3–14 传动装置示意图

3. 锁紧装置

对于半高式安全门，其滑动门的左右门扇都设有锁紧装置，可以实现自动解锁和手动解锁功能，具有运行噪声低，高可靠性，拆装维修方便的特点，同时具有生产成本低，加工装配方便等特点。

锁紧装置一般为电磁锁。电磁锁由锁叉组件、移动组件以及门到位开关、手动解锁开关等组成。锁叉组件主要包含电磁铁、锁叉、棘爪以及棘爪同步轮等；移动组件主要包含锁销、手动解锁挡板等。锁叉组件安装在固定侧盒内，移动组件安装在滑动门后挡上。以左门电磁锁为例，电磁锁紧装置结构如图3-15所示。

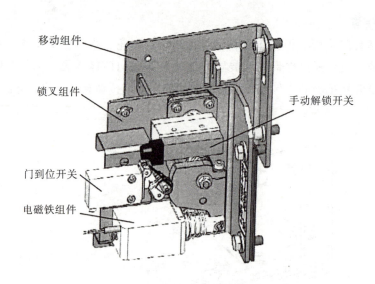

图3-15 电磁锁紧装置结构

当滑动门自动（或手动）关门到位时，与滑动门相连的锁销处于锁叉的锁定槽中，滑动门被锁叉定位，保持在关门状态；此时棘爪同步轮触发门到位开关，发出滑动门关闭到位信号，除非进行通电自动运行或通过手动解锁，否则，滑动门无法打开。开关滑动门时，要求门到位开关背面的电磁锁各开关触发正常，锁体运行无卡滞，解锁灵活轻便。左门电磁锁背面触发开关如图3-16所示。

执行正常开门程序时，门机控制单元发出开门信号，电磁铁接到开门信号后电磁铁吸合，电磁铁衔铁带动棘爪同步轮转动，棘爪则解除对锁叉的锁定，与滑动门相连的锁销可以从锁叉的锁定槽中脱离，滑动门锁闭状态解除，实现开门；电磁铁衔铁带动棘爪同步轮转动时，棘爪同步轮触发门到位开关，发出开门信号。图3-17为电磁锁关门状态示意图；图3-18为电磁锁开门状态示意图。

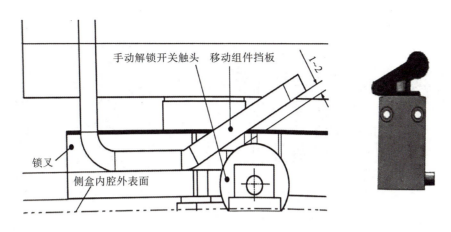

图 3-16 左门电磁锁背面触发开关

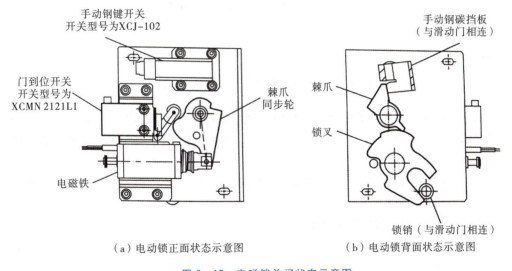

（a）电动锁正面状态示意图　　（b）电动锁背面状态示意图

图 3-17 电磁锁关门状态示意图

滑动门门框内设有手动解锁装置，紧急情况下，在站台侧操作钥匙或在轨道侧扳动门把手进行手动解锁时，通过钢丝绳带动电磁锁中的手动解锁挡板动作，手动解锁挡板推动棘爪及棘爪同步轮转动，棘爪则解除对锁叉的锁定，与滑动门相连的锁销可以从锁叉的锁定槽中脱离，滑动门开启。在手动解锁时，手动解锁挡板在推动棘爪转动的同时也触发手动解锁开关，发出手动解锁信号，信号将反馈到门机控制器和中央控制盘，以提示有滑动门处于手动解锁、被打开的状态。

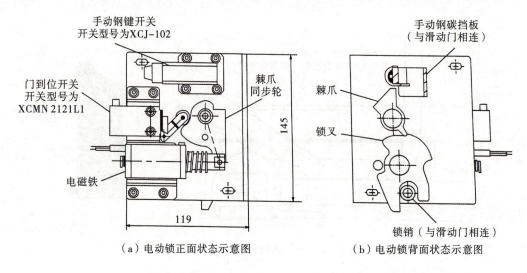

(a) 电动锁正面状态示意图　　(b) 电动锁背面状态示意图

图 3-18　电磁锁开门状态示意图

思政拓展

国产盾构机——走向世界的大国重器

从 2008 年第一台具有自主知识产权的复合式土压平衡盾构机下线，到盾构订单超过 1 200 台、出厂 1 000 台、出口 21 个国家和地区，成为世界知名的中国盾构行业领先者……2020 年 9 月 29 日，在河南郑州中铁工程装备集团有限公司盾构总装车间，一台直径 8.64 m 的土压平衡盾构机（粤海 14 号）正式下线，这也是中国中铁自主研制的第 1 000 台盾构机。

成为世界知名的中国盾构领先者

据悉，粤海 14 号将用于广东珠江三角洲水资源配置工程，该工程是国务院节水供水重大水利工程之一，计划总投资约 338 亿元，工程输水线路总长 113.1 公里，是迄今为止广东省历史上投资额最大、输水线路最长、受水区域最广的水资源调配工程。

"上天有神舟，下海有蛟龙，入地有盾构"，隧道掘进机可穿山越海，是集机械、电气、液压、传感、信息、力学、导向研究等技术于一体的高端装备，在国内多被称为盾构机。盾构机是衡量一个国家装备制造业水平和能力高低的关键装备，作为"入地"的利器，它决定了我国基建的实力，一直以来都是大国建设中必不可少的核心装备。

国产盾构机从无到有

盾构机又称为隧道掘进机。外国早在 1825 年就发明并使用。由于制造难度太大，盾构机市场一直都被德国、美国和日本三个制造大国长期霸占。发达国家垄断着技术和市场，购买者没有任何议价权，"花钱还要看脸色"。彼时的中国也不例外。1997 年，我国在修建西康铁路秦岭隧道时，从德国维尔特公司引进了第一台隧道掘进设备，花费了数亿元。

中铁工程装备集团的谭工回忆这段往事的时候说："那时候价格的话语权在外国人那，他说多少钱就是多少钱，要进行任何变更，先把价钱加上来再说。外国专家的'售后服务'也很贵，一个小时的工资就达到600~800欧元。况且何时修，还得看人家的工作作息和心情。就这样，外国专家们在检修时还要拉起警戒线，不让中国人靠近观看。"2001年，外方提出，要把一台旧的盾构机按照新盾构机的价格出售，并且对配件进行加价100%。在他们看来，中国人自己造不来，条件再苛刻也会接受。

几代中国人在心里较劲："以后一定要用上我们自己制造的设备。"再难、再苦，也要把我们的机器造出来！从设计图纸起步，在毫无经验的背景下，中国开始摸索自己的盾构机。真正从零开始。有样学样，外形是有了，但离"国产"还很远。中铁工业的李工表示："真的自己做起来，才知道其中关键部件的制造难度有多大。"比如刀具，刀具布置的数量多少？高度多少？刀间距多少？刀盘开口率多少？中国人对这些都不知道，就得从零开始，进行理论上的研究。在实际工作中，机器可能会碰上花岗岩、石灰岩；可能会面对硬土、软土、淤泥、粉质黏土……这些都需要根据不同地质配不同的刀具，做出最优的设计。光弄清楚刀具问题，中国就用了将近5年的时间。在这样的难度下，中国人硬是把这块骨头啃下来了。

2008年我国研发团队经过多年探索与努力，突破核心技术封锁，研发制造了中国第一台具有自主知识产权的复合式土压平衡盾构机——中国中铁1号，实现了从0到1的跨越。次年，中铁装备成立，在郑州建立了国内最大盾构研发制造基地，拉开了中国盾构产业化的序幕。

从2008年第一台具有自主知识产权的复合式土压平衡盾构机下线，到现如今盾构订单超过1 200台、出厂1 000台、出口21个国家和地区，成为世界知名的中国盾构行业领先者，支撑中铁装备快速发展、中国盾构机产业爆发的，正是创新创造。

2013年12月，中铁装备成功研制了超大断面矩形盾构，首次将矩形盾构用于城市下穿隧道和地下停车场的施工；2016年10月，为浩吉铁路白城隧道定制世界首台马蹄形盾构——"蒙华号"，应用项目荣获2018年世界隧道协会"科技项目创新奖"，标志着中国在异形盾构领域处于世界领先水平；2018年，用于宁波轨道交通3号线鄞南区间工程的国内首台联络通道盾构机成功应用，相关专利获得国家专利金奖。

抢占世界掘进机技术制高点

中国是世界上隧道及地下工程规模最大、数量最多、地质条件和结构形式最复杂、修建技术发展速度最快的国家。在巨大的轨道交通建设市场下，盾构掘进机械需求旺盛，行业高速增长。据中国工程机械工业协会掘进机械分会统计，2019年中国全断面隧道掘进机产量达610台，是2012年的5倍之多。我国全断面隧道掘进机步入高速发展"快车道"，涌现出了以中铁装备为代表的中国隧道掘进机企业的佼佼者，诞生了中国最大直径泥水平衡盾构机、世界首台马蹄形盾构机（图3-19）、世界最大直径硬岩掘进机等一系列标志性、创新性产品。

图3-19 世界首台马蹄形盾构机

据了解，长久以来，国际上的盾构机分为三个流派：美国的擅长硬岩挖掘，德国的适用性好，日本的则是做工精巧。而如今，中国产的盾构机占到全球市场份额的65%，国内市场的90%以上。

"这是因为中国造的盾构机不仅集三大流派的长处，而且价格还低很多。"中铁装备集团公司党工部副部长表示，一台好的盾构机就要"吃得进，稳得住，吐得出"，我们的核心竞争力就是尽可能地国产化，使盾构机从"中国制造"向"中国创造"迈进。

正因过硬的质量，国际上越来越多的工程项目都可以看到中国盾构机的身影。2013年1月，中铁装备为马来西亚设计制造的中铁50号盾构下线，应用于吉隆坡地铁项目；2016年，中铁装备向新加坡提供10余台盾构机，用于其地铁项目建设；2019年6月，铁建重工出口土耳其伊兹密尔市地铁项目的盾构机，使国产盾构机获得了首个欧盟权威技术检验协会颁发的安全认证标志。至今，中国盾构机先后应用到新加坡、意大利、波兰、澳大利亚、法国等世界各地，中铁装备2017年、2018年、2019年连续三年产销量世界第一，为世界隧道建设提供中国装备、中国方案。

"中国盾构下一步将挑战18 m直径的世界纪录，一个盾构机就有6层楼那么高。我们通过10多年的努力实现了在这一领域的'跟跑'到'并跑'，未来还要争取引领发展！"中国工程院院士杨华勇接受记者采访时说。

从0到1，从1到1 000，我国盾构技术正在从量的积累迈向质的飞跃，从点的突破迈向系统能力提升。如今，不论是全断面隧道掘进机年产量还是市场保有量，中国都是世界之最。中国盾构家族系列丰富、尺寸齐全，部分技术领跑世界，并不断向世界最大、世界最小、世界首台发起冲锋,在世界隧道掘进机领域刷新中国高度。

课后练习题

1. 简述全封闭式屏蔽门门机系统的组成。
2. 全封闭式屏蔽门门机系统的传动装置常采用哪两种传动方式?
3. 简述全封闭式屏蔽门锁紧装置的电动解锁和手动解锁过程。
4. 半高式安全门固定侧盒里面安装了哪些设备?

模块 4

站台门控制与监视系统

知识结构

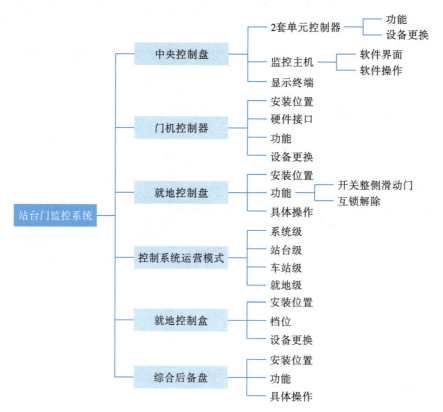

知识目标

1. 掌握某一车站站台门控制系统的组成。
2. 掌握中央控制盘的组成部分。
3. 掌握门机控制器的硬件接口。

4. 熟悉就地控制盘的功能及其面板。
5. 熟悉综合后备盘的功能及其面板。
6. 掌握就地控制盒的 4 个挡位。
7. 掌握站台门系统的控制系统运营模式及其优先级。

技能目标

1. 会更换单元控制器。
2. 会更换门机控制器。
3. 会更换就地控制盒。
4. 会操作就地控制盘、综合后备盘、就地控制盒。

思政目标

了解轨道交通领域无人驾驶的重要突破,树立民族自信。

4.1 站台门控制与监视系统概述

站台门控制与监视系统主要是对滑动门的开启和关闭进行控制,保证滑动门与列车车门开关动作同步,同时监视各控制信号及记录站台门状态信息。如图4-1所示,站台门控制与监视系统主要由中央控制盘、就地控制盘、综合后备盘、就地控制盒、门机控制器、通信介质及通信接口等设备组成。控制系统能够满足设备在正常状态下、非正常状态下的安全、可靠运行,能够保证非正常状态下乘客的安全疏散。

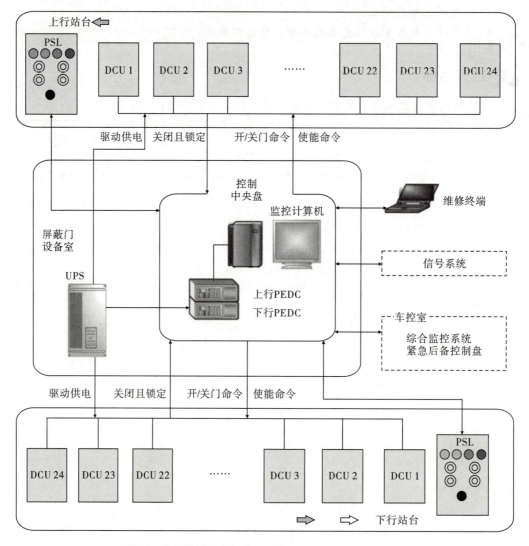

PEDC—单元控制器(Platform Element Door Controller)。

图4-1 站台门控制与监视系统框架图

站台门控制系统以车站为单位构成独立、完整的控制系统。一个2侧站台的站台门控制系统包含2个相互独立的控制子系统，分别控制上行和下行侧站台门，任何一侧的站台门及该侧的控制单元出现故障，均不影响另一侧的安全运行。2侧站台的车站站台门控制系统主要由以下系统部件组成。

中央控制盘（PSC）：1个2侧站台的车站配置1个PSC。

单元控制器（PEDC）：1个PSC含2个PEDC。

门机控制器（DCU）：1个PEDC连接一定数量的DCU。

就地控制盘（PSL）：1个PEDC连接1个PSL。

车控室综合后备盘（IBP）：1个PSC连接1个IBP。

控制系统采用不间断电源（Uninterrupted Power Supply，UPS）方式供电，且具备抗电磁干扰能力。UPS供电方式保证站台门系统在火灾等特殊情况下仍能正常工作。

站台门状态监视系统由现场总线通信局域网构成总线型监视系统，可对每个门机控制器的相关状态进行显示、记录查询；可通过中央控制盘对整个监视系统进行参数修改、软件写入以及每个门单元的故障、状态查询。

4.2 中央控制盘

正常情况下，站台上两侧滑动门的开启和关闭均是由信号系统通过站台门中央控制系统来实现的，具体开关门过程如图4-2所示，可见中央控制系统至关重要。

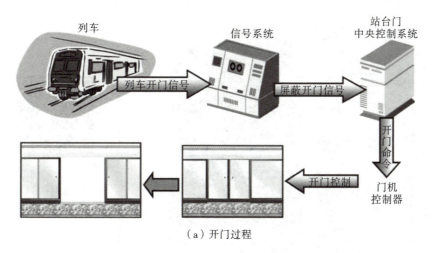

(a) 开门过程

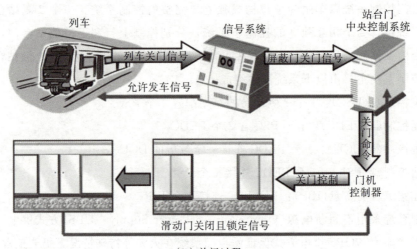

(b) 关门过程

图 4-2 正常情况下，滑动门开关门过程

4.2.1 基本规格及配置

中央控制盘(Platform Screen Controller，PSC)，又称中央接口盘，是站台门中央控制系统的核心，包括柜体、单元控制器、监控主机及显示终端界面、与信号系统和综合监控系统的接口装置、接线端子排、电缆布线槽、排热风扇、测量表计及 PSC 面板的相关状态指示灯。每座地铁车站站台门设备房内均设置一套 PSC，单个 PSC 包括两套独立的单元控制器(PEDC)，分别控制上行及下行两侧站台门(图 4-3)。

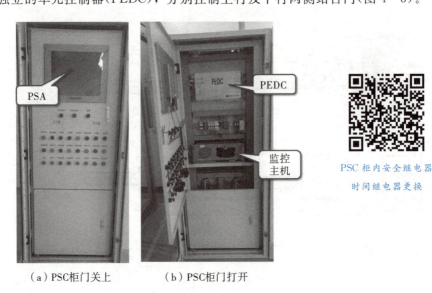

(a) PSC 柜门关上　　(b) PSC 柜门打开

图 4-3 PSC 柜

PSC 柜内安全继电器
时间继电器更换

在 PSC 的设计中，采用安全继电器完成综合后备盘、就地控制盘及信号系统等部分的控制功能，在继电器整个寿命过程中，甚至在继电器发生故障的情况下，如继电器触点粘连，触点也会通过机械的连锁结构强制断开，从而保证站台门控制的高可靠性。连接各站台侧门机控制器的总线网络接口板均互相独立，在各个控制过程中，采用分散供电、独立控制的方式进行设计，使系统中部分故障不影响整个系统的可靠运行。

在 PSC 内，能完成与其他系统接口前的其他准备工作，如将两个单元控制器及本车站内其他设备需要监视的信息进行集成，通过接口设备将信息分别送至综合监控系统。

4.2.2 单元控制器

中央控制盘包括两套独立的单元控制器（Platform Element Door Controller，PEDC），分别控制上行及下行两侧站台门。PEDC 是每个控制子系统的主要设备，属于整个总线网络的主设备，可实现系统内部信息的收发、采集、汇总和分析，并可实现与综合监控系统、就地控制盘、门机控制器各单元之间的信息交换，能够查询逻辑控制单元中各个回路的状态；具有足够存放数据和软件的存贮单元，具有运行监视功能及自诊断功能。图 4-4 为 PEDC 实物图。

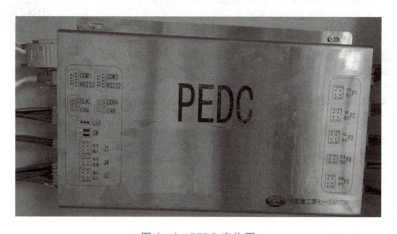

图 4-4　PEDC 实物图

如图 4-5 所示，PEDC 内部的电路板分为状态采集板和逻辑控制板。状态采集板用来采集所有门机控制器工作运行状况；逻辑控制板用来接收信号系统（Signal System，SIG）、就地控制盘（PSL）、综合后备盘（IBP）等的控制命令，控制门机控制器实现相应操作。

PEDC 的左右两侧有多个接口，如图 4-6 所示。PEDC 以硬线方式连接信号系统、门机控制器、就地控制盘、综合后备盘、安全回路等，实现关键控制与关键信号的反馈。

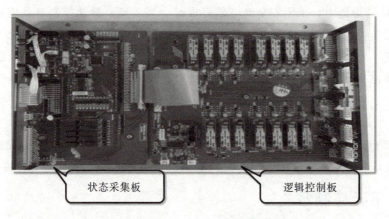

图 4-5　PEDC 内部电路板

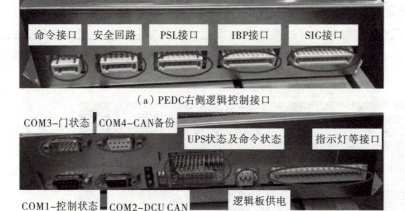

图 4-6　PEDC 两侧接口

4.2.3　监控主机

监控主机，也称工控机，包含与现场总线控制局域网接口的通信模块、CPU、存储器、继电器模块、输入输出模块、接口设备等相关设备及各种软件组成。

监控主机是每个监视子系统的主要设备，属于整个网络的总线主设备，完成对整个系统的监视。监控主机应实现系统内部信息的收发、采集、汇总和分析；能实现与车站综合监控系统、就地控制盘、门机控制器各单元之间的信息交换；能对与信号系统、就地控制盘及车控室综合后备盘接口设备进行状态监视；能对本系统内所监视的状态、故障等数据进行编辑，并通过友好的人机界面将故障、状态显示至设备房内的显示终端。

监控系统实时监测站台门系统的运行状态,并搜集系统的故障信息,监视主机内的软件能够不间断地监控站台门系统和捕捉所有系统故障及紧急状态下的操作。

1. 监控主机配置

主机采用工业级电子计算机,具有协议转换功能,适应地铁车站的工作环境。此工作站由不低于64位的双中央处理器、支持以太网协议的软件及硬件产品、足够的数据存储器组成。表4-1为监控主机的硬件参考配置。

表4-1 监控主机的硬件参考配置

项目	参数	项目	参数
显示器	19寸液晶显示器	接口类型及数量	10/100/1000 Mb/s LAN × 2
中央处理器	Inter AtomTMD 510		RS-232/422/485 × 4
内存	2GB DDR 2 667 MHz		USB 2.0 × 5
硬盘	≥160GB 2.5″硬盘驱动器		PS/2 × 1
基本输入输出系统	16 MB		8 数字位 IO × 1

注:TMD指时分多线程(Temporal Multithreading);DDR指双倍速率(Double Data Rate);LAN指局域网(Local Area Network)。

(1)具有RS 485/RS 422现场总线接口、以太网的RJ 45接口。

(2)在主机上能够查询到该车站的每个站台门单元的状态,能实现对站台门单元进行声光报警功能。

(3)从设备状态改变至中央控制盘的显示终端显示出来的过程处理时间不大于250 ms。

(4)主机配置与门机控制器组相连的冗余的现场总线接口;配置与综合监控系统接口用的冗余以太网接口;USB 3.0接口至少两个;内存容量不小于64 GB,内存容量能够满足可调参数及其他需修改的软件参数的调用需求。

(5)主机具有足够存放数据和软件的存储单元,数据的存储容量不能超过控制器总存储容量的50%,具有运行监视功能和自诊断功能;整个车站故障记录、访问事件记录保存至少一年,状态记录可以保存三个月。

2. 监控软件功能及操作

监控系统软件安装在中央控制盘柜内的监控主机内,可以在中央控制盘的显示终端PSA上或通过便携式维修工具与监控主机的接口,实时监测所有站台门单元的报警、状态、事故信息,能修改门机控制器参数,自动检测并记录系统运行状况。这些记录的信息可以作为系统诊断的依据,以及用于事故发生后进一步调查事故的依据。

监控系统软件可实现对整个系统包括门机控制单元的监控与维护,并可对历史记录和数据进行方便快捷的查询,具有中文界面和完善的操作功能,并可迅速响应用户的需求而灵活定制，可切实满足对站台门系统的管理维护。

中央控制盘监控软件启动后进入主界面。监控主界面如图4-7所示，主界面分上下两部分，上半部分为上行的各子系统的动作状况、操作状态、报警信息及滑动门的运行状态，下半部分为下行，状态信息同上行部分。滑动门标号1-1对应1号门，在车头方向；6-4对应24号门，在车尾方向。每侧有应急门图标三个，端门图标两个。

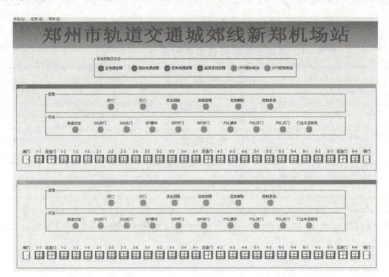

站台门监控设备的基本操作

图4-7 监控主界面

监控主界面中用各种颜色的信号灯表示系统操作状态和报警信息，红色为报警，绿色为正常动作，灰色为没有动作。界面中的滑动门有四种运行状态：正常运行（开、关门为浅咖啡色）；就地控制（门的颜色为深绿色）；隔离状态（颜色为黄色）。滑动门的七种故障分别采用不同颜色加以区分。当应急门和端门出现故障时，对应图标会呈现红色。点击滑动门图标，可查看该滑动门的详细状态。系统和门状态图标如图4-8所示。

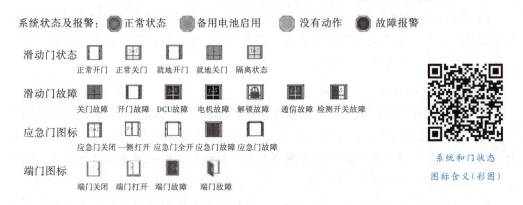

图4-8 系统和门状态图标含义

当有故障报警时,点击故障图标即可弹出报警的具体信息。如图4-9所示,故障信息可以通过故障记录显示界面进行显示。

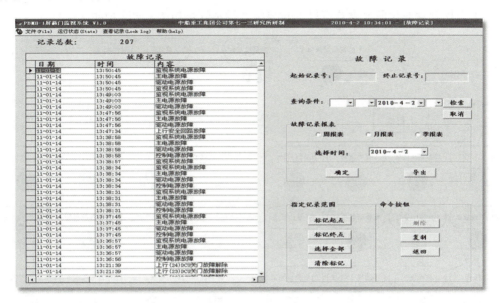

图4-9 故障记录显示界面

在显示终端界面上还可以修改一些参数,包括:关门夹紧力大小、遇障碍物重关门次数等;同时可以从数据库中选定已经设置好的速度曲线(图4-10)。

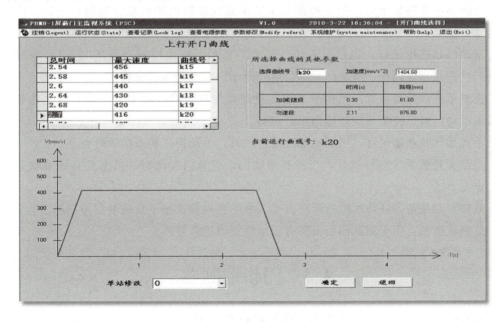

图4-10 修改参数界面

4.2.4 PSC 面板的相关状态指示灯

中央控制盘的盘面上设置有以下几类状态指示灯，如图 4-11 所示。

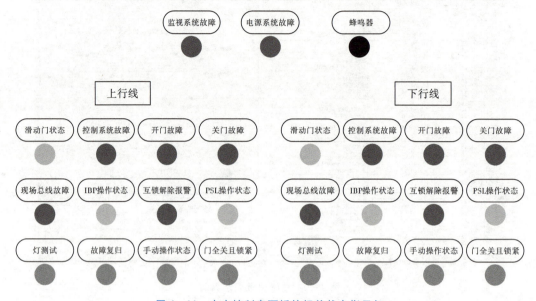

图 4-11 中央控制盘面板的相关状态指示灯

监视系统故障指示灯：当单元控制器传输数据出现异常时，监视系统故障指示灯点亮。

电源系统故障指示灯：当主电源、驱动电源或控制电源出现故障时，电源系统故障指示灯点亮。

滑动门状态指示灯：当信号系统、综合后备盘、就地控制盘发送"开门命令"时，滑动门状态指示灯闪烁，滑动门开到位后，滑动门状态指示灯常亮。

控制系统故障指示灯：当信号系统、就地控制盘或综合后备盘出现故障无法打开或关闭滑动门时，控制系统故障指示灯点亮。

手动操作状态指示灯：当手动解锁站台门时，手动操作状态指示灯点亮。

门全关且锁紧状态指示灯：当所有滑动门、应急门关闭时，门全关且锁紧状态指示灯点亮。

故障复归按钮：任何故障指示灯点亮、蜂鸣器报警，按下故障复归按钮后消除。

灯测试按钮：用于测试面板上所有指示灯能否正常使用。

4.3 门机控制器

电机是滑动门启闭的动力来源。那么电机的启动、停止、正反转以及变速，是如何控制的呢？

门机控制器(Door Control Unit，DCU)是滑动门电机的控制装置如图 4-12 所示。对全封闭式屏蔽门和全高式安全门，每道滑动门配置一个 DCU，安装在顶箱内。1 个 DCU 控制 1 个电机，带动一道滑动门进行开关运动。

图 4-12 门机控制器

4.3.1 DCU 的硬件接口

门机控制器的中央处理器组、存储单元、接口单元、网络模块通过一块主板集成，通过专用监控软件，执行单元控制器、综合后备盘和就地控制盘的命令，控制并监测滑动门的运动。DCU 的硬件接口如图 4-13 所示。

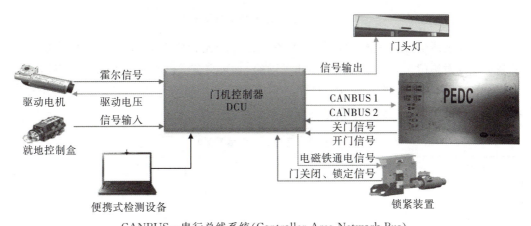

CANBUS—串行总线系统(Controller Area Network Bus)。

图 4-13 DCU 硬件接口示意图

1. 与电机的接口

DCU 很重要的一个作用就是进行电机驱动。DCU 为直流无刷电机提供驱动电压。

DCU 内存储必要的速度曲线。速度曲线是由不同门速、开关门时间、开关门加减速度、开关门力等参数来设置的。DCU 按照设定的速度曲线实现对电机的实时控制。

电机上的霍尔传感器用来检测电机的旋转速度，从而跟踪滑动门的位置，确保滑动门遵循设定的速度曲线准确进行运动。

2. 与 PEDC 的接口

DCU 通过硬线信号与 PEDC 连接，接受来自 PEDC 的信号控制，执行开关门控制指令。DCU 能够采集滑动门/应急门/端门的状态信息及各种故障信息，并通过 CAN 总线网络将这些信息发送到 PEDC。PEDC 处理信息后，上传给综合监控系统。PEDC-DCU 的电频信号示意图如图 4-14 所示。

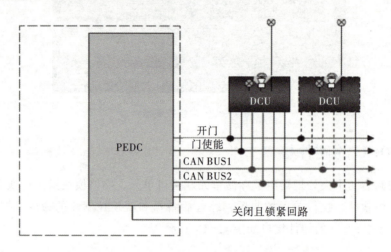

图 4-14　PEDC-DCU 电频信号示意图

门使能硬线信号：一条关键的 50 V 交流线路与站台每个对称门的 DCU 串联从而控制所有的对称门。开门信号：一条非关键的 50 V 交流线路与站台的所有 DCU 串联。如表 4-2 所示，当使能信号为 0 时，门不动作；当使能信号为 1，开门信号为 0 时，滑动门执行关门命令；当使能信号和开门信号都为 1 时，执行开门命令。

表 4-2　开门、使能信号影响

门使能	开门	对 PSD 的影响
0	X	没有使能信号，门不动作
1	0	关门
1	1	开门

双冗余 CAN BUS 总线与所有 DCU 串联，实现 DCU 和 PEDC 之间的数据通信。每个 DCU 在网络上都有一个唯一的地址。

3. 与锁紧装置的接口

锁紧装置上安装有行程开关或传感器，用来检测滑动门的状态，并将该道滑动门当前的状态反馈至 DCU。对滑动门进行电动解锁时，DCU 先向锁紧装置上的电磁铁发通电命令，待电磁铁通电，锁紧装置解锁后，再发开门命令；DCU 还可监视本道滑动门、相邻的应急门和端门的门关闭、锁定状态。

4. 与就地控制盒的接口

就地控制盒钥匙开关通过专用电缆与 DCU 接口单元连接。就地控制盒共有自动、开门、关门、隔离四个挡位。正常运营模式下，就地控制盒处于自动挡位。维修人员测试滑动门时，可将就地控制盒打到开关门挡位，通过 DCU 控制门的开启和关闭。在正常运营期间，若单道或多道滑动门发生故障时，可将对应的就地控制盒打到隔离挡位，从而切断故障滑动门 DCU 的电源，使此故障门单元从整个系统中隔离，不影响整个系统的正常工作。

5. 与门状态指示灯的接口

DCU 可以调节门状态指示灯的闪烁频率，采用不同的闪烁频率来表示滑动门故障或正常开启、关闭过程。站台门中的滑动门关闭且锁紧时，门状态指示灯熄灭；滑动门开启后，门状态指示灯常亮；在滑动门开启、关闭过程中或故障状态时，门状态指示灯闪烁；采用不同的闪烁频率表示故障或门正常开启、关闭过程。

6. 与便携式检测设备的接口

便携式检测设备通过 DCU 内设置的编程、调试接口，可在线或离线调整参数或重新编程。

4.3.2 DCU 的功能

DCU 的功能主要有两个：

(1)执行系统级和站台级发来的开关门控制命令。DCU 通过硬线信号与单元控制器/就地控制盘/综合后备盘连接，并接受其信号控制，执行相关控制指令。

(2)采集并发送门状态信息及各种故障信息。DCU 能够采集门状态信息及各种故障信息，并通过 CAN BUS 现场总线将这些信息发送到中央控制盘。

4.3.3 DCU 的设备配置

(1)DCU 内部应存储必要的速度曲线，设置多组门体夹紧力阈值、重关门间隔时间、重关门延迟时间、重关门次数等参数。

(2)DCU 按照设定的速度曲线，实现对电机的实时控制，能够准确探测门体、门锁等设备的状态信息。

(3)DCU 具有足够存放数据库和软件的存储容量，具有自诊断功能。

(4)DCU 输入电源具有过流、过压保护功能。

(5)DCU 具有抗震、防尘、防潮、抗电磁干扰、抗静电干扰的功能，并满足城市轨道交通环境要求，防护等级不小于 IP 54。

（6）DCU 的安装位置要便于维修及更换。DCU 为整体快速更换单元设计，选用的器件均为高集成度产品，接口简单方便，可以快速便捷进行 DCU 的更换。该 DCU 的结构设计减少了 DCU 的尺寸、提高了 DCU 密封 IP 等级、提高了维护效率、减少故障延误时间，提高了整个控制系统的可靠性和集成度，在性能上也有较大的提高。

DCU 的更换

4.4　就地控制盘

每侧站台门设置一套就地控制盘（Platform Screen Door Local Control Panel，PSL），PSL 的放置位置与列车正常停车时驾驶室的门相对。当系统级（自动）控制不能正常实现时，由电客车司机或站务人员，使用 PSL 进行操作，实现对滑动门的控制。

1. PSL 面板

站台门 PSL 如图 4-15 所示。PSL 面板上包括如下内容：

（1）PSL 操作允许钥匙转换开关，有"自动"和"PSL 允许"两个挡位。

（2）PSL 允许指示灯，灯亮代表允许通过 PSL 进行操作。

（3）互锁解除钥匙开关，有"互锁"和"解除"两个挡位。

（4）互锁解除指示灯，灯亮代表互锁解除操作有效。

（5）PSL 开/关门按钮。

（6）滑动门门开指示灯。

（7）"门全关且锁紧"指示灯，灯亮表示整侧滑动门/应急门关闭且锁紧。

（8）灯测试按钮，按下灯测试按钮，PSL 上的所有指示灯应全亮，若某个指示灯不亮，说明该指示灯故障。

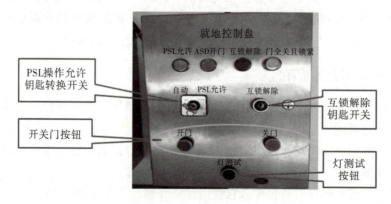

图 4-15　站台门 PSL

2. PSL 的功能

PSL 的具体功能有两个：发出开关整侧滑动门命令，发出互锁解除命令。

（1）开关整侧滑动门。当信号系统与站台门系统无法进行通讯，整侧滑动门不能自动打开或关闭时怎么办呢？

此时，可通过 PSL 对整侧滑动门进行开/关门操作。当 PSL 插入钥匙开关转到"PSL 允许"位后，PSL 能够提供模拟信号系统的开关门命令，该命令直接发送给 DCU。通过这种方式，一旦发生信号系统或者 PEDC 故障，仍能通过 PSL 进行开关门操作。

（2）互锁解除。当个别滑动门因故障无法发出"关闭且锁紧"信号，导致列车无法正常进出站时，怎么办呢？

任何一道滑动门或应急门没有关闭且锁紧时，安全回路断开，PSL 面板上的门全关且锁紧指示灯熄灭，此时信号系统接收不到站台门关闭且锁紧信号，将不允许列车进站或出站。在人为保证安全的前提下，站台工作人员可通过 PSL 向信号系统发出"互锁解除"信号，允许列车进出站。

3. 操作 PSL

（1）PSL 开门具体操作。插入操作允许转换钥匙开关钥匙，顺时针转到"PSL 允许"位，此时"PSL 允许"指示灯点亮；按下"开门"按钮，整侧滑动门打开，此时 PSL 上"门全关且锁紧"指示灯灭、"滑动门开"指示灯点亮；操作 PSL 开门必须与操作 PSL 关门配合使用。

（2）PSL 关门具体操作。插入操作允许转换钥匙开关钥匙，顺时针转到"PSL 允许"位，此时"PSL 允许"指示灯点亮；按下"关门"按钮，整侧滑动门关闭，此时 PSL 上"门全关且锁紧"指示灯点亮、"滑动门开"指示灯熄灭。

操作完成后，将操作允许转换钥匙开关逆时针转到"自动"位，此时 PSL 上的"PSL 允许"指示灯灭。钥匙在自动位时方可拔出。

（3）PSL 互锁解除具体操作。列车进站前 1 分钟，被授权操作人员将"互锁解除"钥匙插入 PSL 互锁解除钥匙开关内，转动至互锁解除位置并保持，互锁解除指示灯亮。

确认列车停车到位或列车越过出站信号机，被授权操作人员松开钥匙开关使其复位。

4.5 综合后备盘

综合后备盘（Integrated Backup Panel，IBP）设置在车站控制室内（图 4-16、图 4-17）。

图 4-16 车站控制室

图 4-17 综合后备盘

在车站紧急情况下,如发生火灾时,由车站行车值班员(或值班站长)在车站控制室操作 IBP,打开上行或下行侧站台门。IBP 发出的命令属于紧急状态下的紧急开门命令,IBP 控制的优先级高于 PSL 控制和系统级控制。在执行 IBP 的火灾应急功能时,信号系统与 PSL 对滑动门的控制权被取消。

IBP 所有连接采用硬线。

1. IBP 的面板

如图 4-18 所示，IBP 的面板，分为上行、下行控制，每侧都设置：操作允许转换钥匙开关；开门、关门按钮；开边门按钮；滑动门开状态指示灯；门全关且锁紧状态指示灯，并设置一个试灯按钮。

正常情况下，IBP 上的操作允许转换钥匙开关处于"自动"位。

"滑动门开"和"门全关且锁紧"状态指示灯，能实时反映门的状态，显示功能与 PSL 的状态指示灯一致。

试灯按钮可以用来测试 IBP 上的指示灯是否故障。

在 IBP 上操作一侧站台门的开门命令时，不影响另一侧站台门的正常控制。

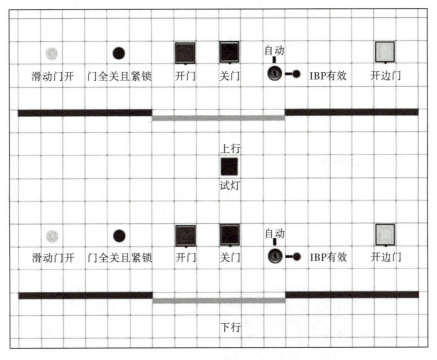

图 4-18　IBP 面板

2. 操作 IBP

当车站发生突发状况（如火灾）时，车站值班员根据相关指引将操作允许转换钥匙开关拨到"允许"位，允许通过 IBP 对站台门的开关进行控制。

开门操作步骤：

①插入 IBP 操作允许转换钥匙，顺时针转到"IBP 允许"位，此时"IBP 允许"指示灯点亮；

②按下"开门"按钮，整侧滑动门打开，此时 PSL 上"门全关且锁紧"指示灯灭，"滑

动门开"指示灯点亮；

③操作 IBP 开门必须与操作 IBP 关门配合使用。

关门操作步骤：

①插入操作允许转换钥匙，顺时针转到"IBP 允许"位，此时"IBP 允许"指示灯点亮；

②按下"关门"按钮，整侧滑动门关闭，此时 PSL 上"门全关且锁紧"指示灯点亮，"滑动门开"指示灯熄灭。

在车站或隧道火灾情况下，按下开边门按钮可打开每侧站台门的首尾两道滑动门，以作为消防排烟通道使用，但其他的滑动门均为关闭锁紧状态。需要注意的是，行调要求车站使用 IBP 开关站台门时，行车值班员需与站台岗确认安全后方可操作。

4.6 就地控制盒

每道滑动门设置一个就地控制盒（Local Control Box，LCB），安装在滑动门门楣梁下方，便于站台侧工作人员通过钥匙对单道滑动门进行操作。使用 LCB 进行操作时，不影响其他门单元的使用。LCB 控制一般用于维修控制。

4.6.1 LCB 的挡位

LCB 作为就地级控制的一种方式，共有自动、开门、关门、隔离四个挡位，如图 4-19 所示。LCB 旁设一个指示灯，当 LCB 钥匙开关处于"自动"位时绿灯亮起。钥匙只有在自动位及隔离位时可拔出。LCB 处于"自动"位时，该道滑动门串入安全回路；处于"开门"位、"关门"位和"隔离"位时，退出安全回路。

图 4-19　LCB 的挡位及指示灯

1. 自动挡位

在正常运营情况下，LCB 处于"自动"挡位，此时滑动门接收信号系统的命令进行自动控制。处于自动挡位时，该道门的锁闭状态串入安全回路。

2. 开、关门挡位

开、关门挡位是维修人员测试滑动门时使用。将 LCB 打到"开门"或"关门"位，此时信号系统、PSL、IBP 控制等均失效，钥匙开关不可拔出。处于开关门挡位时，该道门的锁闭状态不串入安全回路。

在非运营期间，维修人员可在故障处理完毕后对单道滑动门进行开关门测试，检验维修效果，确认故障是否消除。故障排除后，将 LCB 钥匙开关打回"自动"挡位，滑动门恢复正常运行。

3. 隔离挡位

隔离一般用于正常运营期间单道或多道滑动门发生故障，无门全关且锁紧信号时使用。在隔离模式下，该道滑动门的锁闭信号被旁路。在"隔离"挡位，钥匙开关可拔出。

每个门单元中无论发生网络通信故障、电源故障、DCU 故障、门机故障以及其他故障，均可通过 LCB 使此单元隔离，隔断本单元的电力供应，不影响整个系统的正常工作，便于维修。

4.6.2 LCB 的更换

作为控制滑动门开关的重要部件，当 LCB 出现故障时，可能会导致安全回路断开，影响列车的正常行驶，此时就需要对 LCB 进行更换。

门头指示灯、LCB 的更换

4.7 门状态指示灯

在站台门每一道滑动门、应急门、端门的顶箱活动盖板上，设置门状态指示灯（Door Open Indicator，DOI），如图 4-20 所示。

滑动门关闭且锁紧时，门状态指示灯熄灭；滑动门开启后，门状态指示灯点亮；

图 4-20　门状态指示灯示意图

在滑动门开启、关闭过程中及故障状态时门状态指示灯闪烁；采用不同的闪烁频率表示故障或正常开启、关闭过程（表 4-3）。

应急门正常关闭且锁紧时门状态指示灯熄灭。端门单独设置状态指示灯，显示端门是否锁紧。端门门状态指示灯亮，表示门扇打开未锁紧；灯灭，表示门扇关闭且锁紧。

表 4-3　门状态指示灯工作状态表

门开关状态	指示灯（DOI）状态	声音提示
滑动门正常开门过程（EED 锁紧）	闪烁 1	无
滑动门正常关门过程（EED 锁紧）	闪烁 1	有
滑动门全开位置（EED 锁紧）	常亮	无
滑动门关闭且锁紧位置（EED 锁紧）	熄灭	无
EED 打开，临近 ASD 无故障	常亮	无
滑动门单元故障状态	常亮	无
滑动门单元隔离状态	闪烁 2	无

注：1. "闪烁 2"的频率高于正常开关门过程的"闪烁 1"。
　　2. 门状态指示灯应具备"声音提示"功能，且可方便切断，报警声音大小可调。
　　3. 门状态指示灯状态及动作在设计联络阶段确定。

4.8　控制系统运营模式

站台门控制可分为四级：系统级控制、站台级控制、车站级控制和就地级控制。表 4-4 显示的是所有站台门操作的优先级顺序。

表4-4 站台门操作的优先级顺序

控制级别	控制设备	优先级
系统级控制	SIG	低 ↓ 高
站台级控制	PSL	
车站级（火灾模式应急）控制	IBP	
就地级控制	LCB	
	三角钥匙、门把手	

1. 系统级控制

系统级控制是在正常运行模式下由信号系统（SIG）直接对站台门进行控制的方式。

（1）系统级控制下开门流程。在系统级控制方式下，滑动门的开门过程如图4-21所示。

列车到站后，司机按下站台门开门按钮，向信号系统（SIG）发出开门命令，当信号系统（SIG）确认列车停在允许范围内时，信号系统

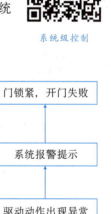

系统级控制

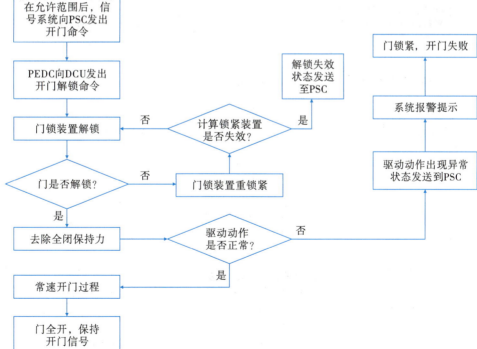

图4-21 开门流程图

(SIG)向站台门中央控制盘(PSC)发出开门命令，PSC 将开门命令传递给该侧站台的每个滑动门单元的 DCU，控制滑动门单元开启。开启时，门状态指示灯和 PSC 上的"ASD/EED 门开"状态指示灯点亮，中央控制盘(PSC)面板、就地控制盘(PSL)和综合后备盘(IBP)上的所有"ASD/EED 关闭且锁紧"状态指示灯熄灭。开门过程中，DCU 会计算锁紧装置是否失效，判断是否解锁，驱动动作是否正常等，并做出响应，具体开门流程如图 4-21 所示。

(2)系统级控制下关门流程。在系统级控制方式下，当列车即将离站时，司机按下关门按钮，将关门命令传递给信号系统，信号系统向站台门中央控制系统发出关门命令，站台门中央控制系统将关门命令传递给该侧站台的每个滑动门单元的 DCU，所有滑动门单元开始关闭。当该侧站台所有门单元关闭且锁紧后，站台门中央控制系统向信号系统反馈"门全关且锁紧"信号，信号系统将"允许发车信号"发送给列车，此时列车可以离站。关门过程中门状态指示灯闪烁。当该侧站台所有门单元锁紧关闭后，门状态指示灯熄灭，同时中央控制盘(PSC)面板、就地控制盘(PSL)和综合后备盘(IBP)上的所有"ASD/EED 关闭且锁紧"状态指示灯点亮。关门过程中，DCU 会判断是否遇到障碍物，并做出响应，具体关门流程如图 4-22 所示。

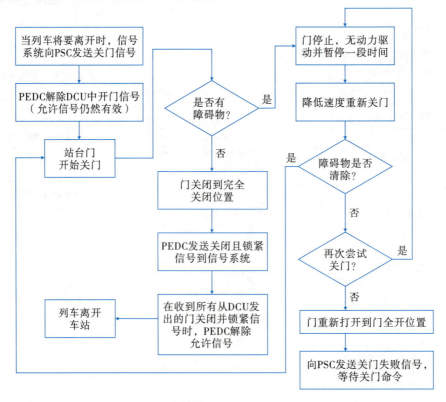

图 4-22 关门流程图

2. 站台级控制

在系统级控制出现故障时，如信号系统故障、信号系统与中央控制盘开/关门指令界面故障状态下，可进行站台级控制，即通过操作就地控制盘(PSL)进行开关门。列车驾驶员或站务人员通过就地控制盘进行开门、关门操作，实现站台门的 PSL 控制操作。

站台级控制

（1）开门操作。列车驾驶员或站务人员将 PSL 操作允许转换钥匙开关打到"允许"位，按下开门按钮，滑动门开始打开，中央控制盘(PSC)面板、就地控制盘(PSL)和综合后备盘(IBP)上的所有"ASD/EED 关闭且锁紧"状态指示灯熄灭。滑动门完全打开后，PSC 面板、PSL 盘和 IBP 盘上的"ASD/EED 门开"状态指示灯点亮。开门流程图如图 4-23 所示。

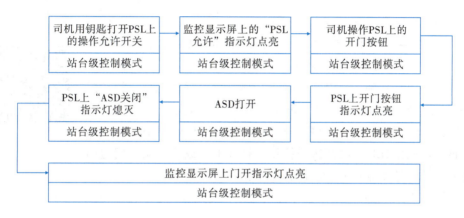

图 4-23 开门流程图

（2）关门操作。列车驾驶员或站务人员按下关门按钮，滑动门开始关闭，当站台门全部关闭且锁紧后，中央控制盘(PSC)面板、就地控制盘(PSL)和综合后备盘(IBP)上的所有"ASD/EED 关闭且锁紧"状态指示灯点亮。关门流程图如图 4-24 所示。

（3）门关闭后无法发车。当滑动门全部关闭后，所有"ASD/EED 关闭且锁紧"信号丢失或信号系统无法确认站台门是否锁闭而不能发车时，列车驾驶员或站务人员在就地控制盘上操作"ASD/EED 互锁解除"钥匙开关，进行互锁解除，"ASD/EED 互锁解除"状态指示灯点亮。

当车控室值班人员将站台门控制权限切换至 IBP 控制盘后，PSL 操作无效，将无法实现对整侧门的开关门操作，但互锁解除操作仍有效。

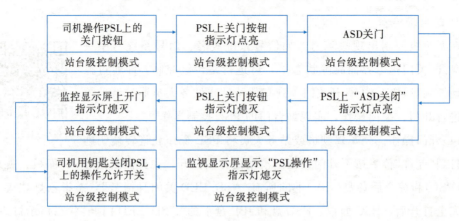

图 4-24 关门流程图

3. 车站级控制

车站在紧急情况下（如火灾），站台门采用车站级控制，即 IBP 盘控制模式。在车站控制室，将 IBP 上的操作允许转换开关打到"允许"位，按下开门按钮，打开上行或下行侧站台全部滑动门，滑动门完全打开后 PSC 面板、PSL 和 IBP 上的开门指示灯亮。

在站台火灾情况下，可以根据火灾报警系统（Fire Alarm System, FAS）指令，操作 IBP 上的开边门按钮，打开上行或下行站台门边门（一般指首末 2 道滑动门）以配合站台排烟。

本命令属于紧急状态下的紧急开门命令，优先级高于 PSL 控制和系统级控制。

车站级控制

4. 就地级控制

就地级控制是指站台工作人员或乘客对站台门进行的手动操作。进行就地级控制时，PSC 上的"ASD/EED 手动操作"状态指示灯点亮。

当系统电源或个别站台门操作机构发生故障时，在站台侧站台工作人员可通过操作 LCB 打开/关闭、隔离单道滑动门，也可通过三角钥匙手动解锁打开滑动门；在轨道侧乘客操作站台门开门把手打开滑动门。

就地级控制

在维修测试情况下，单扇门就地操作是由检修人员使用 LCB 对单道滑动门进行操作。

4.9 监视系统

站台门控制系统采用现场总线技术，构成分层、分布式的网络结构，DCU 设备作为网络节点挂接在总线上。如图4-25所示，监视系统分为外部网络系统和内部网络系统。

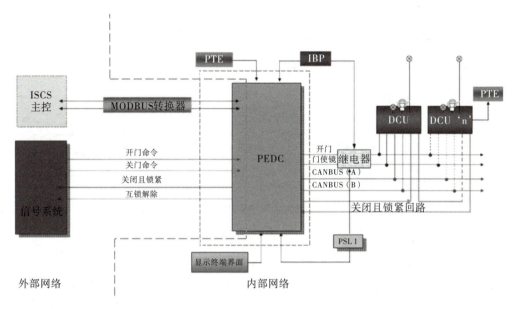

图4-25 网络示意图

1. 外部网络系统

站台门外部网络系统主要针对信号系统和综合监控系统。

PEDC与信号系统之间通过硬线信号和安全继电器实现开关门命令、关闭且锁紧命令以及互锁解除等关键命令的通信。

PEDC将站台门系统的状态和故障信息通过MODBUS网络转换器以及标准的MODBUS/TCP/IP协议提供的光纤接口发送到设备监控系统，综合监控系统的车站控制室工作站可实现站台门相关状态的查询及故障报警。

PEDC与ISCS的通信连接采用冗余以太网连接设计方式，通过电缆或光缆进行连接，采用网络接口标准支持MODBUS/TCP/IP协议标准，支持电气与电子工程师协会802.3标准，并满足轨道交通环境的电磁兼容要求。PSC的工业计算机设置有静态IP地址，供ISCS系统连接使用。系统连接框图如图4-26所示。

图4-26 PSC与ISCS系统连接框图

PSC与ISCS的通信连接采用冗余以太网连接，当一路发生通信故障时，系统自动切换到另外一路，使整个系统的通信正常进行，实现无扰自动切换，不会给系统通信带来影响。同时，故障线路通过尝试重新建立连接，如果不成功，则在系统界面上进行报警，提示维护人员维修处理。冗余通信和故障恢复的工作过程如图4-27所示。

图4-27 冗余通信和故障恢复的工作过程

2. 内部网络系统

站台门系统的内部网络是由单元控制器（PEDC）、就地控制盘（PSL）、综合后备盘（IBP）、门机控制器（DCU）、便携式检测设备（PTE）、显示终端界面（PSA）等通过多种网络总线构成的开放网络系统。门机控制器（DCU）作为网络节点挂接在总线上。

PEDC与各DCU之间的网络由双切关键开门信号、门使能信号、门关闭且锁紧信号和非关键双冗余CAN数据总线组成。

站台门监控系统采用现场双CAN BUS总线技术，采用冗余式总线式设计，按照监控系统向分散化、网络化、智能化发展的要求，把门机控制器组作为网络节点挂接在总线上，连接为网络集成式的全分布监控系统。

当一路总线发生通信故障时，系统自动切换到另外一路，使整个系统的通信正常进行，并在监视系统中进行报警。总线通信切换时，实现无扰自动切换，不会给系统通信带来影响。

关闭且锁紧回路指的是整侧滑动门、应急门的门关闭和锁定信号串联起来形成的电路。只有当所有滑动门和应急门都处于关闭且锁紧状态时，站台门才能系统级控制自动运营，才认为地铁列车进出站是安全的，故又称安全回路。

3. 配置要求

网络系统采用具有先进性、可靠性、开放性和可操作性的成熟工业级产品，目前广泛应用的网络拓扑结构为总线型。现场总线的传输速度、准确性应能满足地铁运营对站台门的监控要求，实现对站台门的系统级控制、IBP盘控制、参数修改、报警、监控等功能。站台门系统与ISCS的通信接口采用基于TCP/IP协议的MODBUS协议，支持标准的、通用的、开放的、软件解码的协议，方便与ISCS进行数据传输，并满足地铁环境的电磁兼容要求。现场总线传输网络的系统内任何设备开关状态的改变，监视系统状态更新时间不大于 0.3 s。现场总线发生故障时，系统能进行声光报警，并向 ISCS 反馈故障信息。

思政拓展

中国第一条无人驾驶地铁，完全"中国制造"

全自动无人驾驶系统指的是完全没有司机和乘务人员参与，车辆在控制中心的统一控制下实现全自动运营，自动实现列车休眠、唤醒、准备、自检、自动运行、停车和开关车门，以及在故障情况下实现自动恢复等功能，包括洗车也能在无人操作的情况下完成。

我国首条无人驾驶地铁于 2016 年 12 月 19 日下午 2 时在香港正式开通！这条无人驾驶的地铁线路叫南港岛线。南港岛线全线共有 10 辆列车，线路全长 7 km，全程运转 11 min，最高时速可达 80 km/h。由中车长客股份公司自行研发制造的香港南港岛线地铁车辆是中国第一个正式运营的 4 级（Grades of Automation 4，GOA4）全自动无人驾驶地铁车辆，列车最大的特点是没有驾驶室。此项技术代表了机械、电子、电气及控制技术在轨道交通车辆应用中的最高水平。这也是目前为止世界最高水平的无人驾驶技术产品，是中车长客股份公司在轨道交通设计制造领域的又一突破。

在此之前，我国已经有了三条"无人驾驶"线路：2010 年运营的广州珠江新城搭客主动输送体系，全长约 4 km；2008 年北京开通的机场快轨；上海的轨道交通 10 号线。不过，上述线路仍需司机值守，不算严格的无人驾驶；这些无人驾驶技术来自加拿大庞巴迪公司和德国西门子公司，我国并没有自主知识产权。然而，香港南港岛线，则是 100% 由中国制造，中车长客完全自主研发，是全国首个进入全球要求最高的香港市场的全无人驾驶项目。

根据国际标准，轨道交通的列车驾驶模式可以分成四个级别：

GOA1：在列车自动防护下的人工驾驶。由司机控制列车的所有运行，包括启动、停车、运行速度、站台停靠、开关车门等，并由司机对列车运行中的突发情况进行处理。

GOA2：自动驾驶。由信号系统提供安全防护，控制列车运行和站台停车，但是关门和发车指令由司机下达。这也是目前大部分地铁都采用的模式。

GOA3：有人值守的无人驾驶。这一模式下，列车已基本具备全自动驾驶的功能，由信号系统对列车运行进行全程控制，列车的启动、停站、运行均由信号系统控制，但列车上仍需配备一名随车人员，以应对突发情况，如已运行多年的北京机场线。

GOA4：无人值乘的无人驾驶。也就是我们通常所说的全自动驾驶，是目前轨道交通运营的最高级别。列车的休眠、唤醒、启动、停车、车门开关、洗车、车站和列车的设备管理以及故障和突发情况的应对全部由系统自动管理，无任何人员参与。中国通号承建的上海地铁10号线则属这一级别。

课后练习题

1. 简述单元控制器的功能。
2. 门机控制器有哪些硬件接口呢？
3. 简述就地控制盒的挡位以及各个挡位的使用。
4. 站台门控制系统的运营模式有哪几种？请分别列出对应的控制设备和优先级。
5. 站台门如何进行系统级控制、站台级控制、车站级控制和就地级控制？
6. 简述站台门系统的安全回路。
7. 简述站台门控制设备 PSL、IBP、LCB 的功能。
8. 简述 PSL 的开关门操作方法。

模块 5
站台门供电系统

📝 知识结构

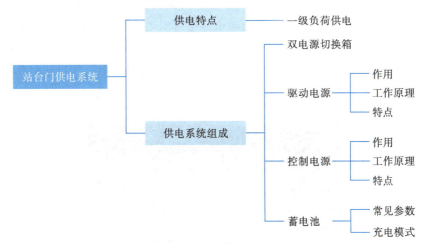

🔑 知识目标

1. 掌握站台门供电系统的特点。
2. 掌握站台门供电系统中驱动电源的工作原理。
3. 掌握站台门供电系统中控制电源的工作原理。
4. 了解蓄电池的常见参数及充电模式。

🔧 技能目标

会对蓄电池组进行更换。

📢 思政目标

弘扬工匠精神,做合格的基层工作者。

在城市轨道交通的各类系统中，供电系统都是一个必不可少的为本系统提供能源的子系统，其设备质量和供电质量均直接影响整个系统设备的工作状态和运行质量。

5.1　站台门供电系统概述

站台门系统属于一级负荷供电，其使用的供电设备尤其重要。供电系统处于良好状态是城市轨道交通安全运行的基本保障。根据《供配电系统设计规范》(GB 50052—2009)，一级负荷中特别重要的负荷供电应符合下列要求：①除应由双重电源供电外，还应增设应急电源，并严禁将其他负荷接入应急供电系统；②设备供电电源的切换时间，应满足设备允许中断供电的要求。

站台门系统采用由低压配电系统提供的两路三相 380 V、50 Hz 交流电源，一路主供电，一路备用供电。如图 5-1 所示，双电源切换装置设置在站台门设备房内，可对主备两路电源进行自动切换。正常状态时由主电源供电；当主电源断电、相电压过压、欠压或缺相时，经设定的时间延后自动切换到备用电源供电；当主电源恢复正常后，经设定的时间延后自动返回主电源供电；当主备电源出现断电、相电压过压、欠压或缺相时，控制器发出报警声，提示及时修复。

图 5-1　双电源切换箱

站台门系统电源分为驱动电源和控制电源两部分。驱动电源柜和控制电源柜安装在站台门设备房内，如图 5-2 所示。

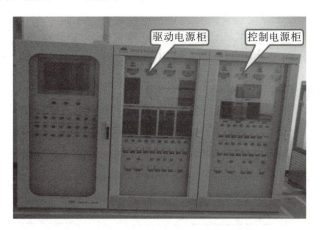

图 5-2　驱动电源柜和控制电源柜实物图

站台门系统供电电源的组成如图 5-3 所示。驱动电源负责对门机系统的电机供电，采用直流供电方式，具备充电、馈电、故障保护（过压、并联、过流、过载等）、电源参数及报警信息监测和记录功能。控制电源负责对 DCU、PSC、PSL、IBP 和接口等供电。驱动电源和控制电源的供电回路相互独立设置，避免相互干扰。

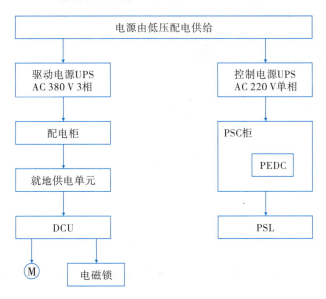

图 5-3　站台门系统供电电源的组成

5.2 驱动电源

驱动电源主要由整流模块、监控模块、绝缘监测、电池巡检及充放电管理模块、驱动蓄电池组、馈线回路等构成。

5.2.1 驱动电源工作原理

站台门驱动电源为车站两侧站台门提供稳定的直流110V的驱动电源，其配电回路如图5-4所示。

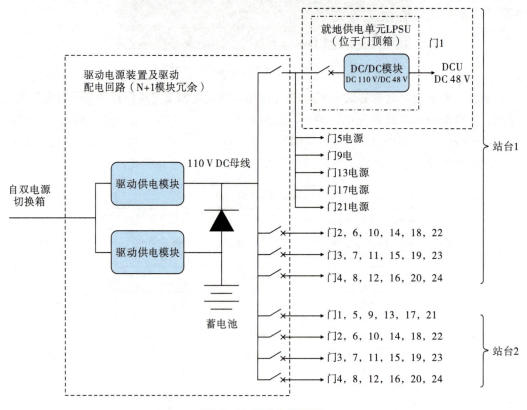

图5-4 驱动电源简图

低压配电系统经双电源切换箱内的双路切换装置，提供三相交流电给整流模块供电。

当交流电正常时，驱动供电模块为驱动母线提供直流110 V电源，驱动充电模块对蓄电池进行浮充。当交流电断电时，驱动供电模块和驱动充电模块停止工作，由蓄电池为驱动母线提供直流110 V电源。交流电恢复正常时，驱动充电模块和驱动供电模块开始正常工作，蓄电池立刻停止放电，转为充电状态。驱动电源的后备电源容量应符合完成 30 min 内本站全部滑动门开关 5 次的需要。由于蓄电池经二极管直接挂接在驱动直流母线上，可在上述两种状态间实现零时间切换，从而实现对门机的不间断供电。

假设你有 5 个电源模块，4 个主用，1 个备用，要给一侧站台的 24 道滑动门体供电，为了保证可靠性，该怎么分配呢？

每侧站台的驱动电源设置多个供电回路，为交错配电方式。向两侧站台提供驱动电源的供电回路相互独立，一侧站台门的供电回路故障不会影响另一侧站台门的正常运行。以 B 型车为例，每节车厢有 4 道对应的滑动门，则驱动电源的输出供电回路设为 4 路，每节车厢对应的各道滑动门处于不同的供电回路中，这样就能保证在其中一个供电回路的驱动电源故障时，其他 3 个供电回路也能使每节车厢对应的其他 3 道滑动门正常工作，最大限度避免乘客出现拥挤现象。

驱动电源柜位于站台门设备房内，整个站台有一百多米长，为了给站台上的所有滑动门的门机系统供电，驱动供电回路就要敷设长距离的电缆，这样必然会产生较大的压降，那会不会对门机的正常供电产生影响呢？

为了避免驱动供电回路长距离电缆敷设而产生较大的压降对站台门正常供电的影响，在每个门单元的站台门顶箱内配置一个就地配电单元（LPSU）(110 V/48 V DC/DC 转换模块)，由驱动电源配电回路提供的 110 V 直流电源到达各门单元后，经就地配电单元转换模块输出 48 V DC，为各门单元的门机控制器供电。该供电单元具有宽电压输入范围，即使到门头的驱动供电电压降到 80 V，就地配电单元模块仍能够输出稳定的 48 V DC 电源给门机控制器，从而确保各门单元的正常工作。门机供电回路如图 5-5 所示。

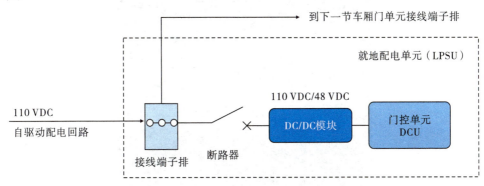

图 5-5　门机供电回路示意图

5.2.2　驱动电源特点

(1)驱动电源系统的整流模块具有在线式热插拔及在线维修功能，并具备"$N+1$"

冗余备份功能，主机设备单点故障不会引起整台设备的故障，主机设备个别部件的故障不会引起整台设备的故障。

（2）过载能力强。针对站台门这种冲击性负载特性，直流供电系统采用整流模块，可以在 4 s 内承受 2.5 倍的负载。

（3）维护方便。所有的模块都支持热插拔，无须专业维修人员，只要有备用模块，直接换上即可，而不会影响 UPS 回路的正常工作。

（4）可靠性高。由于系统主要部件都是并联冗余设计，一个模块出现故障不会影响其他模块的运行，故障模块自动退出系统。

（5）整机效率高，整机效率不低于 90%。

（6）输出电源对地绝缘值高，站台门驱动电源与车站地的绝缘值大于 10 MΩ。

（7）具有自动均充功能。输出电流、电压平稳，设备使用寿命≥10 年。

（8）驱动电源设有输出过压、过流保护装置。能够通过辅助无源触点提供电源故障报警信号，并传输到站台门控制系统的中央控制盘上。

（9）监控模块能对驱动电源内重要的状态、故障信息进行数据采集、显示、报警处理、历史数据管理等；能对处理结果加以判断，根据不同的情况实行电池管理、输出控制和故障呼叫等功能；能远程监视驱动电源重要状态（内部故障、供电故障等），将故障、状态信息传输到站台门控制系统的中央控制盘上，可查询具体故障信息；能监测电源装置的输入、输出电压和输入、输出电流，隔离变压器输出的电压、电流，蓄电池浮充电压、电流等，并配有输出端口。监控模块显示界面如图 5-6 所示。

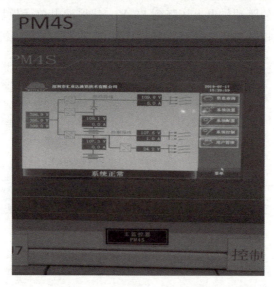

图 5-6　监控模块显示界面

（10）监控模块可对系统母线电压、负载总电流、输入电网电压及直流各馈线回路的通断状态、电池组熔断器通断状态等进行检测,对充电模块开启、关停及充电模块均/浮充转换进行控制,对充电模块输出电流实行限流控制,对充电模块输出电压进行调节控制。

(11)绝缘监测模块用于实现母线及各支路正负极对地绝缘状况的检测,能直接监视正负极对地电压,当电压过高、过低或绝缘电阻过低时发出报警信号,且报警值可整定。

(12)每个供电回路均有断路器保护,各配电回路断路器作为电路保护装置在接地故障或电路短路故障时,可以提供必要的保护。

5.3 控制电源

控制电源主要由整流模块、DC/DC模块、可调电源模块、蓄电池、配电单元及智能监控系统等组成。控制电源系统框图如图5-7所示。

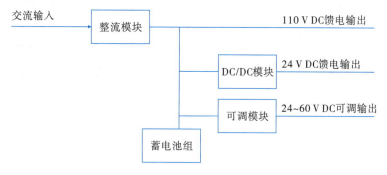

图5-7 控制电源系统框图

5.3.1 控制电源工作原理

站台门控制电源系统同时向两个站台的站台门提供控制电源。站台门控制电源简图如图5-8所示。

当交流电正常时,380 V交流电通过整流模块、逆变模块以及变压器为中央控制盘提供220 V和50 V交流电。中央控制盘为单元控制器、综合后备盘允许继电器、就地控制盘允许继电器、开关门命令、监控主机、站台红外线灯提供电源,控制及监视站台门的运行。整流模块同时对蓄电池进行浮充。

当交流电断电时,整流模块停止工作,由蓄电池经逆变模块为控制母线提供220 V交流电源。

由于蓄电池直接挂接直流母线,实现了上述两种工作状态的零时间切换,因此控制电源处于在线工作模式。

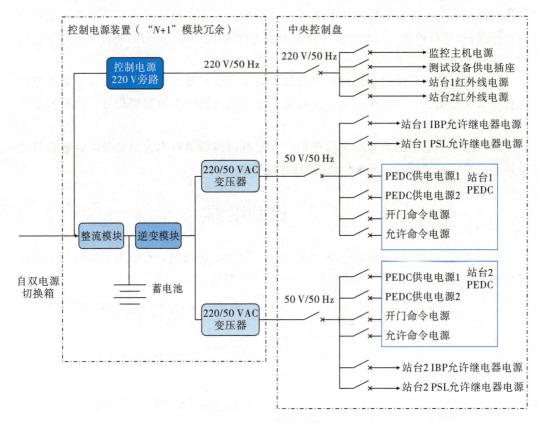

图 5-8 控制电源简图

5.3.2 控制电源特点

(1)电源系统主要部件能实现在线维修功能,具有手动、自动旁路功能。主电源供电切换到蓄电池供电转换时间为 0 ms,逆变器过载切换旁路供电时间小于 2 ms。由旁路复位主电源供电切换时间小于 2 ms。主机设备个别部件的故障不能引起整台设备的故障。

(2)控制电源具有模块化在线式热插拔和在线式维修功能,具有完善的"$N+1$"冗余备份功能。

(3)监控模块能监视电源装置的输出电压、电流,并能监视电源装置正常运行状态和故障状态。

(4)绝缘监测模块用于实现直流母线及各支路正负极对地绝缘状况的检测,能直接监视正负极对地电压,当电压过高、过低或绝缘电阻过低时发出报警信号,且报警设定值可整定。

(5)控制电源的馈线回路能够满足系统控制设备使用,保证系统的运行安全可靠。

(6)控制电源与车站低压配电系统的隔离等级不低于 5 MΩ。

(7)电池的接入和直流输出部分通过放电端子,能实现在柜内对蓄电池进行放电的功能。

5.4 蓄电池

蓄电池是保障站台门电源系统不间断供电的关键设备,是一种储能装置,实现电能与化学能的转换,一般采用 8 节 12 V、100 Ah 的铅酸免维护蓄电池作为驱动电源柜和控制电源柜的后备电源,如图 5-9 所示。当市电停电时,蓄电池作为后备能源为负载不间断供电。

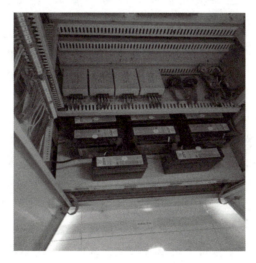

图 5-9 电源柜蓄电池组

1. 常用参数

蓄电池终止电压和容量是蓄电池常用的两个参数。

蓄电池终止电压是指蓄电池指放电时,电压下降到电池不宜再继续放电的最低工作电压值。放电的具体条件不同,电池的终止电压也不同,根据目前设备运行环境,通常规定单体为 12 V 的电池,终止电压为 10.8 V。

蓄电池在充满的状态下进行放电,放到电池电压到达终止电压的一刻,所能放出来的电量,就是蓄电池的容量,标志着储能电量

蓄电池柜
电池组更换方法

的多少,一般用"安时"标示,符号为"Ah"。其容量与电池的放电电流和放电时间有关。蓄电池在长时间使用后,会亏损,即出现容量下降的现象,当其实际容量下降到额定容量的 80% 时,就应该更换。

2. 充电模式

蓄电池常用的充电模式有均衡充电和浮充两种。

均衡充电(简称"均充"),是以定电流和定时间的方式对电池充电,充电电压较高,充电较快。

浮充指的是蓄电池在电量充满后,仍然保持小电流充电,浮充电压略高于蓄电池组的端电压。由于蓄电池内部存在一定的损耗,有自放电现象。浮充就是为了使其能经常保持在充电满足状态而不致过充电所采取的充电方式。

思政拓展

地铁工匠孙宏杰:十二年如一日的"保电大师"

晚上10点30分,随着广播在站台响起,每天穿梭在武汉三镇的四条地铁线路正式收班。此时,武汉地铁运营公司供电专业主任技师孙宏杰带着他的"试验工班"成员,换上工作服,穿好绝缘鞋,钻进线路各个供电所,做着上千台供电保护装置的维护工作。

孙宏杰一年365天中有1/4的夜晚在车站变电所度过。从2004年武汉市轨道交通1号线开通至今,孙宏杰一直工作在武汉地铁供电维修一线。12年的时间里,他每天守望着126公里地铁线,为日均200万地铁乘客送去平安。

坚持:十二年如一日,不放过任何细节

孙宏杰的"试验工班",最主要的任务是测试供电保护装置功能。这套装置和重要供电设备相连,起着类似"安全哨兵"的作用,防患于未然。

武汉地铁在全国是首个采用下接触轨供电方式的,两条钢轨旁还有一条黄色的"轨道",它是供电系统下接触式接触轨,俗称"三轨",列车靠它接触供电。

"三轨"供电比常规的接触网供电更加安全,但检修全靠人工,对电工的技术和能力要求极高,且没有现成维保经验可借鉴。

有一年,孙宏杰的车间主任在工作中发现1号线多个牵引降压所纵联柜关闭电源后,其二次电源仍然带电,原因不明。这个现象,虽然不影响列车运营,但属于潜在隐患。

为了找出原因,孙宏杰带领两名班组成员在每天地铁收班后查找故障原因,连续5个通宵在江汉路变电所找答案。试遍多种常规方法仍然查不出原因。于是,孙宏杰采取"最笨"的排除法,一根线一根线地进行测试。

最终,在第5个夜晚,故障原因终于被发现。

"做任何事要精准求实,将每一环节,每一步骤做细做实,不放过任何一个细节。"孙宏杰说。

十二年如一日的坚持和探索,孙宏杰和同事们逐步探索建立了一套完善的"三轨"

供电维修保障体系。

专注:"最强大脑"存大数据　1981台设备了然于心

目前武汉地铁已运营的4条地铁线,共有102个车站,每个车站有1座变电所,每座变电所有数台保护装置,总共1981台。

所有车站变电所的设备,在孙宏杰脑中一清二楚,哪个站有多少台,他张口就来。

对于孙宏杰的"好记性",同事们一点不感到意外。和孙宏杰相识14年的同事邹凯说他记忆力特别强,打过一遍的电话号码,全部记得。

在武汉地铁系统,孙宏杰在大家眼里是出了名的"业务熟、不怕苦"。

每天午夜时分,孙宏杰来回徒步接近4 km,测量接触轨的各项技术参数,同时检查接触轨上的支架是否牢固。冬夏两季,为防止接触轨热胀冷缩甚至出现断裂的情况,还需对膨胀接头进行逐一确认。2 km的区间,300个接触轨支架,50个螺栓、接头,20项技术参数测量,一处也不能放过。

2013年,轨道交通4号线一期工程施工阶段,孙宏杰试验时发现东亭站到岳家嘴站区间的牵引回路电阻出现异常。电阻由设计的100 mΩ突然增加到200 mΩ。

漆黑的隧道里,他拿着手电筒,配合施工单位在2 km的区间线路内逐点排查,最后发现是漏接了一根线。之所以对工程上看似细小的问题如此执着,孙宏杰表示,地铁安全无小事,任何一个细微的问题都有可能变成大问题,影响列车安全。

创新:改造元器件省下50万　遇到难题有股执拗劲

孙宏杰喜欢钻研,爱创新。2009年,1号线一期10 kV供电保护装置出现了面板大量黑屏、花屏的现象。那时备件货源被厂家垄断,厂方开价每块显示屏1 000元,大大超出预期。

"这笔钱花得不划算,想省钱就得动脑子。"孙宏杰开始自己琢磨黑屏、花屏的原因,发现问题出在显示单元的一块线路板上。于是,他连续6天泡在前进四路电子一条街找合适的元器件,还是找不到,"我当时不死心,来来回回不知道试了多少次,最终还是通过增加电阻等方式试验成功了。"孙宏杰的这一改造,一块面板显示屏的成本只需要90元,再加上后期的运输、人工成本,硬是为公司省出了50万元。

"一提到创新,很多人就想到'高、精、尖',其实'创新'并不难,难的在于有没有干劲、愿不愿意坚持。"孙宏杰说,遇到工作上有新难题,就有一股执拗劲。

孙宏杰不仅自己技能高超,还热心于"传帮带",用传统的师傅带徒弟的方式来培养新人。虽然只是一名普通的工班长,武汉地铁运营公司近300人的供电技工队伍中,却有八成得叫他师傅。

孙宏杰说,自己常常告诉这些"80、90后"的年轻人,态度决定一切。做一名工人,一个"工匠",首先要有爱岗敬业的态度,再就是勇于创新、精益求精的精神,和专注坚持的工作状态,只有这样,才能取得好的成效。

课后练习题

1. 站台门系统的供电有什么要求?
2. 简述站台门驱动电源和控制电源的作用。
3. 简述站台门驱动电源系统的工作过程。
4. 简述站台门控制电源系统的工作过程。

模块 6
安全防护装置

知识结构

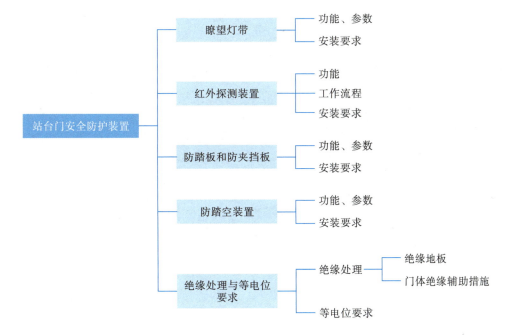

知识目标

1. 认识站台门的安全防护装置及其作用。
2. 掌握红外探测装置的工作原理。
3. 掌握站台门门体绝缘措施。
4. 掌握站台门的等电位要求。

 **技能目标**

1. 会更换瞭望灯带。
2. 会更换红外探测装置。
3. 会更换防踏空胶条。

 **思政目标**

1. 通过安全事件警示,树立安全意识。
2. 了解轨道交通行业智能运维发展动态,助力城市智慧出行。

为防止乘客因抢上抢下等原因滞留在站台门与列车车体之间的缝隙造成安全事故，为避免乘客在滑动门门槛与列车门之间踏空，为防止乘客触电，目前地铁已采用瞭望灯带、红外探测装置、防踏板和防夹挡板装置、防踏空装置、绝缘处理与等电位连接等"安全卫士"进一步确保乘客安全。然而乘车安全并非仅仅依赖于这些安全防护装置，同时也需要每一位乘客都能遵守乘车规则，杜绝不文明的乘车行为，共同维护地铁出行安全。

6.1　瞭望灯带

为避免乘客被夹在站台门与列车车体之间，特别是乘客在滑动门与列车车厢门即将关闭时强行挤上、挤下车造成的安全事故，对于直线站台，在每侧站台尾端的立柱外侧加装瞭望灯带，作为司机观察站台门与列车间隙中是否存在异物的辅助措施。

如图 6-1 所示，在列车要启动之前，司机从车头往车尾方向（软灯带处）瞭望，如果司机能看见完整无缺失的软灯带，说明无夹人夹物的情况，则可以启动列车；如果发现灯带有缺失，则需排除异物确保安全后再启动列车。

图 6-1　瞭望灯带方案示意图

瞭望灯带装置由支架和 LED 软灯组装而成，如图 6-2 所示。软灯选用橙色光且不少于 48 粒/米 LED 的软灯管产品。瞭望灯带的长度不小于 1 800 mm。

支架为橡胶材料，具有足够的强度，能够承受列车运行产生的活塞风力，同时又能够避免车辆运行发生碰擦时造成车辆损坏。LED 软灯采用单相电源供电，电源由动力照明专业单独提供，自动开启、关闭时间可以设定。软灯装置的安装不影响站台门门体的绝缘，安装方式安全可靠，支撑牢固，无松动和断裂现象。

如图 6-3 所示，对瞭望灯带进行检修时，应注意：瞭望灯带要全部点亮；瞭望灯带固定夹、灯带尾塞、灯带电源接插件要紧固可靠，无松动；要检查瞭望灯带内灯泡是否有盲点、是否明显变暗。

瞭望灯带虽然成本低廉，但由于站台长度较长，从车头瞭望过去，可能会产生视觉误差。另一方面，瞭望灯带也不适用于曲线站台。

图 6-2 瞭望灯带

图 6-3 瞭望灯带检修

6.2 红外探测装置

在地铁站台门和列车车体之间的空隙中安装多套红外探测装置,通过红外探测来判断空隙中是否夹人夹物,适用于直线或曲线站台。

红外探测装置由红外保护传感器、固定支架、探测控制器以及声光报警装置等几部分构成。红外保护传感器安装在站台门和列车门之间,可选择每节车厢或每套滑动门单元安装一套红外保护传感器,分别由发射侧和接收侧组成。探测控制器和声光报警装置安装在站台的顶端,位于机车头部一侧。一旦发现有乘客或障碍物,就立即发出报警信号。红外保护装置安装于固定支架上,支架固定于踏步板上,如图 6-4 所示。

图 6-4 红外探测装置

对每节车厢进行一车厢一保护的安装方式（曲线站台保护方式根据设计联络决定），具体如图 6-5 所示。

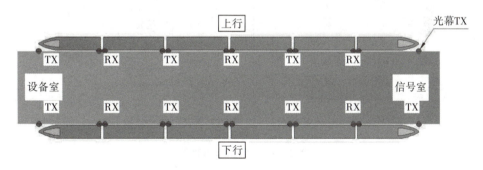

TX—发射（Transmit）；RX—接收（Receive）。

图 6-5 红外探测装置布局图示

系统工作流程如图 6-6 所示。系统上电后，光幕进行自检，收到自检通过信号之后探测系统进入待机模式。待收到站台门"关闭且锁紧"信号后，探测系统进入实时模式，同时报警器绿灯被点亮。如期间某套红外保护传感器持续 0~10 s（可设置）探测到障碍物，该红外保护传感器将输出信号通知探测控制器，同时报警器绿灯熄灭、红灯闪烁，蜂鸣器发出报警声音。如期间没有探测到障碍物，系统在 0~40 s（可设置）后，将再次进入待机模式，提醒司机站台门和列车门之间无遮挡物，系统输出继电器吸合，安全回路闭合，可以考虑发车。当探测控制器收到红外保护传感器的自身故障信号（包括有障碍物的情况）后，系统立即将输出继电器触点断开，并发出声音和红色光报警信号。待工作人员将系统切到旁路模式时,系统输出继电器触点再次吸合,做到不影响列车正常运行,并发出黄灯信号,提醒工作人员更换红外保护传感器,此时红外保护传感器仍然可以投入工作状态。

红外线探测系统具有待机、实时、隔离和旁路四种工作模式。

待机模式:控制器的控制输出总是接通,控制器的监控输出指示出该状态。

实时模式:控制器的控制输出在持续探测到障碍物后断开,障碍物离开后恢复,其监视输出反映探测物体及红外保护传感器故障的实际状态。

隔离模式:某个信号的输出被开关隔离,其余信号仍然保持正常工作状态。

旁路模式:控制器的控制输出被钥匙开关旁路,持续有效输出。其监视输出指示出该状态,红外保护传感器仍然可以正常投入工作。

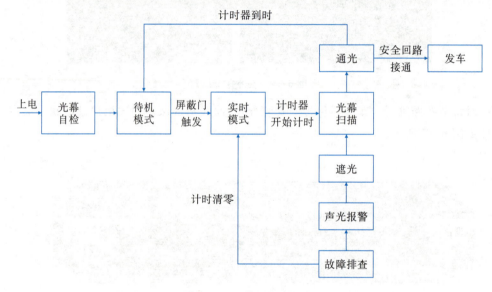

图 6-6 系统工作流程图

对于直线站台,瞭望灯带与红外探测装置可形成双重保护,确保列车运行时没有乘客或者异物夹在站台门与列车之间,保障乘客及行车安全。

6.3 防踏板和防夹挡板

为保障行车安全,避免有乘客或大件物品有意、无意被夹在站台门与列车车体之间,通常会设置站台门防踏板及防夹挡板。

1. 防踏板

在每一道滑动门下方的轨道侧都安装了防踏板,如图 6-7 所示。防踏板采用斜面设计基本排除了乘客平稳站立的可能性,减少了乘客在站台门与列车之间缝隙停留的风险。

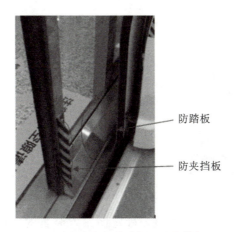

图 6-7 站台门防踏板和防夹挡板

2. 防夹挡板

防夹挡板安装在每扇滑动门轨道侧的门框垂直方向上，由刚性支撑板和橡胶弹性挡板组成。防夹挡板面向乘客面平整，并设置黄色警示带。防夹挡板无须加装有源设备，是目前防止夹伤比较有效的一种方法。

防夹挡板的宽度根据车辆与门体间隙确定，安装前需要进行现场测量。安装防夹挡板后，对直线站台，其边缘距离静态车体间隙暂定为 50 mm；对曲线站台，根据限界要求适当加宽，确保挡板垂直于站台平面，与站台门贴合紧密。防夹挡板高度为 700 mm，厚度暂定 10 mm；防夹挡板的刚性支撑板在任何工况下不侵入车辆限界。

每扇滑动门上防夹挡板的质量不大于 3.5 kg，在满足功能要求的条件下尽量减小质量。同时，滑动门门机驱动功率、门机梁的强度及门体安装等应充分考虑该部分的影响；防夹挡板安装完成后，不影响原有站台门系统的所有功能，防夹挡板使用寿命不低于 15 年。

6.4 防踏空装置

为了缩小列车与滑动门门槛之间的缝隙，防止乘客上下车过程中意外踩空造成危险或物品掉落，在滑动门门槛的轨道侧边缘安装防踏空装置，如图 6-8 所示。

防踏空装置由刚性支撑板和橡胶齿梳组成。橡胶齿梳模压成型，在水平方向柔软，在垂直方向上满足强度要求，既可起到支撑、填缝作用，又能避免发生剐蹭时对车体造成损伤。

防踏空装置宽度根据门槛边缘与车体间隙确定，安装后其边缘距离静态车体间隙为 50 mm，橡胶齿梳高度为 65 mm，长度为 2 200 mm。防踏空装置的刚性支撑板在任何工况下不侵入车辆限界。防踏空装置安装后不影响站台门的绝缘要求，其完成面与门槛面平齐。防踏空装置使用寿命不低于 15 年。

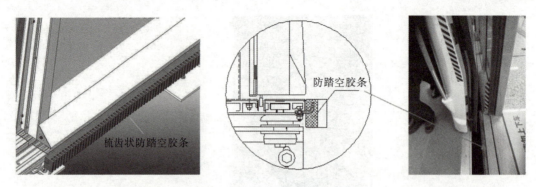

图6-8 站台门防踏空装置示意图

防踏空装置安装前进行现场测量,确定防踏空装置的宽度,直线站台宽度以橡胶齿梳边缘到车辆间隙不小于 50 mm 为限,曲线站台根据限界要求适当调整加宽。

6.5 绝缘处理

防踏空胶条的更换

首先我们先弄清楚一个问题,站台门为什么要绝缘呢?

一般来说,地铁采用 1 500 V 直流牵引供电,电流通过隧道上方的接触网、经过列车车体、然后经过钢轨回流到大地,回流电压约 90 V。这样就使得钢轨与大地之间存在电位差,列车车体就会存在电位,通俗来说就是列车车体是带电的。

由于站台门的门框、立柱等都是不锈钢、铝合金等金属材料,且站台门与列车之间的距离比较近,因此乘客在上下车的过程中,会出现同时触碰列车车体与站台门的情况,当同时触碰到不同电位的两种金属就会出现电压差。这样乘客上下车时就会产生跨步电压,如图6-9所示。在这种情况下,轻则会让乘客感到一些不适,重则会威

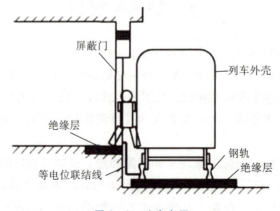

图6-9 跨步电压

胁到乘客的生命安全。

因此，为了避免列车和站台门之间的电位差，就需要站台门与钢轨之间保持等电位，同时，站台门与车站地面要进行绝缘处理。

当站台门系统绝缘失效时，由于站台门门体与钢轨等电位连接，车体和站台门门体对车站地面均存在电位差，乘客上下车时就会存在触电的安全隐患。

所以，站台门的绝缘处理至关重要。为此，技术人员研究了很多方法去解决这个问题，如敷设绝缘地板和门体绝缘等。

6.5.1 绝缘地板

1. 绝缘地板敷设范围

绝缘地板的敷设范围为距离站台门门槛边线 0.9 m 宽、114.08 m 长的区域以及整个端门中心线两边各 1.5 m 宽的区域。所敷设的绝缘地板能作为站台装修完成面，其装修效果在色泽、花纹上与地面的其他部分相接近、协调。

2. 技术要求

（1）站台板敷设绝缘材料后（工程完工后），实测绝缘电阻 $\geqslant 0.5$ MΩ（500 V 兆欧表）。绝缘地板在其寿命期限内绝缘性能不降低，寿命不低于 15 年。

（2）绝缘地板厚度不小于 3.5 mm，可以作为站台装修完成面。站台绝缘地板为一层敷设，两块绝缘材料的接缝处可以达到无缝连接，如车站站台装修需要留缝，则地板间隙用绝缘密封剂进行填充。

（3）绝缘地板的负荷要求：每个地铁站台客流按 50 000 人次/时。

（4）每侧车站站台上均有 0.2% 的坡度，敷设完成后绝缘地板表面也能维持现有的 0.2% 的坡度。

（5）绝缘地板在敷设过程中，根据地铁实际情况作地板防水处理，以避免地下水汽破坏绝缘地板。

6.5.2 门体绝缘

1. 门体绝缘方案

站台门的绝缘除了保护乘客乘车安全，也是为了防止杂散电流泄露到地面对站台造成电腐蚀。所以门体的绝缘必须要满足与站台的电气隔离要求。在正常大气压试验条件下，站台门与车站地面之间的绝缘电阻要求：在额定电压 $U \leqslant 60$ V 时，绝缘值 $\geqslant 0.5$ MΩ。

一般对站台门的绝缘采用的是底部绝缘和顶部绝缘相结合的方式。站台门通过门体顶部顶梁侧面固定和底部 T 形支撑架相结合的方式立在站台面上，这样就完成了整个门体与土建结构的电气绝缘。图 6-10 所示为站台门与土建结构的绝缘。

图 6-10　站台门与土建结构的绝缘

(1)底部绝缘。在站台门的底部通过绝缘套(图 6-11)将支撑组件进行绝缘,确保门槛的金属部件与土建结构绝缘,绝缘电阻不小于 0.5 MΩ。

图 6-11　底部绝缘套

(2)顶部绝缘。站台门的顶部采用了绝缘部件,如图 6-12 所示,实现了站台门门体与顶部土建结构的绝缘。绝缘电阻要求为不小于 0.5 MΩ。

图 6-12　顶部绝缘部件

考虑到站台门立柱、门槛等采用不锈钢、铝合金等金属材料,还需要辅助的绝缘方案。

2. 辅助绝缘方案

(1)立柱贴绝缘膜。门体立柱多由方型钢加工而成,是连接底部结构和顶部结构的关键部件。对于门体立柱进行绝缘贴膜可防止触碰而引起的电位差反应,降低乘客的触摸电压,达到绝缘效果。在每侧站台门滑动门立柱外包板位置粘贴工业绝缘膜,如图6-13所示。绝缘贴膜选择工业用高密度聚乙烯绝缘膜,贴膜后门体满足绝缘电阻≥ 0.5 MΩ。

图6-13 工业绝缘膜

在现场安装完成后,对要求的粘贴表面先进行清洁处理,除去保护膜、泥土灰尘和其他附着杂物,然后按要求尺寸粘贴一层上述特殊绝缘膜,达到外观整洁、无气泡、无褶皱。施工完毕后效果,如图6-14所示。粘贴完成后测量绝缘值,确保达到合同要求——绝缘值≥ 0.5 MΩ。门体绝缘贴膜流程如图6-15所示。

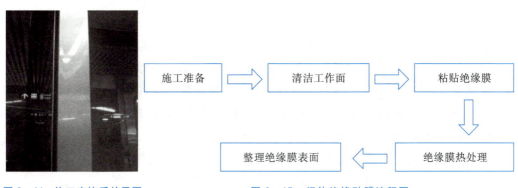

图6-14 施工完毕后效果图　　图6-15 门体绝缘贴膜流程图

(2)门槛喷涂绝缘漆。站台门门槛主要采用铝型材,并在门槛支撑中采用绝缘套等部件进行绝缘处理。门槛长度较长,极易受到灰尘和污水的影响而导致绝缘值达不到设计要求,因此对门槛铝型材进行喷涂绝缘凝胶,不仅能提高其硬度和耐磨性,还具有优良的绝缘性,耐击穿电压高达 2 000 V,完全可以满足站台门的绝缘要求。

同时,由于门槛表面一般情况下都设置了不锈钢防滑板,其对铝型材门槛产生了有效的保护作用,避免乘客携带的硬物、行李箱、高跟鞋等可能对门槛产生的冲击力和摩擦力破坏绝缘效果。

为确保站台门在运营时,整侧站台门门体与土建结构的绝缘电阻不小于 0.5 MΩ,保护乘客安全,对站台门滑动门门槛进行绝缘涂层处理,如图 6-16 所示,绝缘涂层为透明耐磨绝缘凝胶,厚度不小于 50 μm。绝缘涂层施工完成后,对门槛表面绝缘区进行绝缘质量检测,对检测不合格的产品进行整改。绝缘涂层区域任一点对地绝缘性能大于 0.5 MΩ。

图 6-16 门槛绝缘涂层

此涂层喷涂将在门槛设备出厂之前进行,完成后门槛表面粘贴保护膜,确保在运输及安装过程中保护喷涂层不被破坏,直到全线站台门系统设备移交时去除所有保护膜,确保达到绝缘设计效果。

6.6　等电位连接

在学习等电位连接之前我们先了解一下站台门与列车运行轨道系统的连接。

在图 6-17 中,我们可以看到地铁车辆的供电通过直流牵引电源,经过接触网,地铁车辆经列车运行轨道回流到大地,这样就存在了潜在的危险触摸电压。具体包括:

(1)站台门与车站建筑物之间(站台门与车站顶部建筑,站台门与除去绝缘层之外的内部建筑)的触摸电压,这种情况乘客很难接触到。

(2)车辆与车站站台顶部的危险触摸电压,这种情况乘客也很难接触到。

(3)车辆与站台门的触摸电压,这种情况是很容易发生的。

当列车门与站台门之间存在电位差时,在乘客上下车的过程中会出现同时触碰列

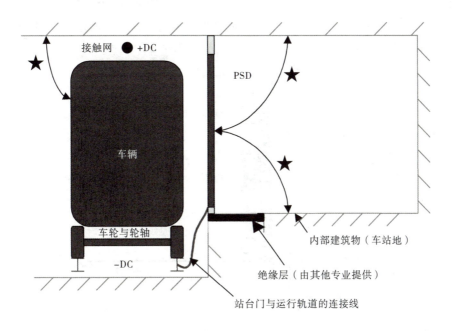

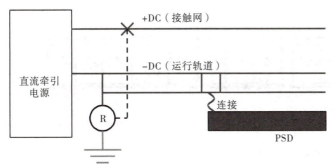

R 设备监控运行轨道对地的电压,如果运行轨道的电压超过一个设定水平时它将开动电源断路器(其他专业供应商提供);★—潜在的危险触摸电;+DC—来自直流牵引电源,经过接触网的直流电压;-DC—经过列车运行轨道回流到大地的直流电压。

图 6-17 站台门与列车运行轨道系统的连接

车门与站台门的情况,这种情况轻则会让乘客感到一些不适,重则会威胁到乘客的生命安全。因此必须消除列车与站台之间的电位差。

为解决列车与站台门之间电位差的问题,保护乘客安全,国内地铁在建设过程中一般采取等电位连接,将站台门与钢轨单点等电位连接,每侧站台门保持整体等电位,消除站台门与列车门门体之间的电位差。该做法避免了乘客上下车过程中在站台门门体与列车门门体之间可能形成的接触电压和跨步电压。但将走行轨或列车门门体的电位直接传导到静止并与乘客直接接触的站台门上,如果绝缘安装没有达标,则加大了乘客可能触电的危险性,同时杂散电流也可能腐蚀车站的建筑结构。可见,对站台门的绝缘处理必须要安全到位,才能真正起到保护乘客生命安全的作用。图 6-18 为站台门绝缘与等电位设计。

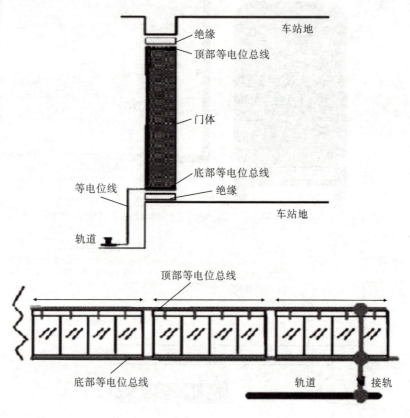

图 6-18　站台门绝缘与等电位设计

1. 等电位系统的目标

等电位系统主要实现以下三个目标:

①确保站台门结构内所有金属部件呈现相等电位,避免无论任何原因,乘客同时触碰金属结构上不同两点位置所引起的触电事故。

②因为站台门结构与轨道连接,因此与轨道和车体具有相同电势,避免乘客因同时触碰车体表面和站台门结构所引起的触电事故。

③万一出现接触网事故(接触网触碰到站台门结构),触碰点与接轨点之间的低等电位电阻引起高短路电流,迅速触发牵引电源断路器跳闸。

2. 等电位系统的布置

等电位布置包含顶部与底部水平等电位总线,它们之间在一点通过垂直连接实现等电位。底部水平等电位总线通过 2 根截面积 95 mm^2 的铜芯电缆与轨道相互连接消除电位差。这些电缆的长度不应超过 3 m。

顶部水平等电位总线包含由铜编织带连接在一起的顶箱铝型材，底部等电位总线包含嵌入在不锈钢门槛型材上的铜排，而铜排之间通过铜编织带相连接。水平等电位总线可以被分割开（每 4 个顶箱单元小于 25 m），这样当绝缘阻值降低时，可以有效地定位接地点。

截面积 4 000 mm^2 的顶箱铝型材可作为顶部水平等电位总线，顶箱之间通过的铜编织带相连接即可，避免了采用铜排等导电体作为水平等电位总线，大大降低了成本。

在系统底部，则需用截面积 100 mm^2 的嵌入在不锈钢门槛型材上的铜排作为底部水平等电位总线，各段铜排通过铜编织带相连接即可。然后，可以用 2 根 95 mm^2 的铜电缆将顶部和底部水平等电位总线与轨道相连接，并在每扇滑动门滑轮挂件上安装导电铜刷，可实现门扇与顶部水平等电位总线之间的连接。总电阻较小的门框结构可以通过铜编织带与导电铜刷连接。应急门门扇、立柱及固定门扇可通过铜编织带与顶箱型材连接。至此，等电位系统布置完成。

3. 等电位系统存在的不足

国内很多地铁在建设中采用了等电位的处理方式来解决乘客上下列车时的接触电压和跨步电压所带来的危害。但也正是由于站台门引入了轨道电流，站台门设备存在电腐蚀和电磁场干扰的可能。在实际运营中，随着环境条件（湿度、灰尘等）的变化，绝缘强度也会受到影响。长期在电磁场环境下，绝缘材料会出现老化、塑变导致绝缘性能下降等实际问题，当导致站台门系统某点的绝缘强度偏低时，站台门就会向接地体放电，即出现"打火""点击穿"现象，使得车站站台存在严重的火灾隐患。

因此必须加强日常对站台门绝缘性能的实时监视与维护，切实做好站台门的维护保养工作，减少周边设备设施的维护保养工作，尤其要注意站台地面的清洁工作对站台门绝缘的影响。

思政拓展

交通运输部印发《关于"1·22"上海地铁乘客伤亡等事故事件的警示通报》

2022 年春节临近，上海、重庆、青岛三地城市轨道交通相继发生运营事故事件，导致人员伤亡、运营中断等不良后果，造成较大社会影响。交通运输部印发《关于"1·22"上海地铁乘客伤亡等事故事件的警示通报》（以下简称《通报》），要求深刻吸取教训，强化运营安全管理，确保人民群众生命财产安全。

《通报》指出，近期先后发生上海地铁 15 号线"1·22"站台门夹人动车导致 1 名乘客受伤送医抢救无效死亡、青岛地铁 1 号线"1·17"因接触轨失电导致区段停运等事故事件。重庆地铁"1·18"巡检发现环线鹅公岩大桥 1 根吊索异常及时停运部分区段，避免了事态扩大。以上三起事故事件，引起公众广泛关注，造成较大社会影响。

《通报》要求，各地交通运输部门要督促运营单位按照《城市轨道交通设施设备运行维护管理办法》要求，细化各类设施设备养护维修规程，将巡查频次、维修内容、维修标准落实到责任人、岗位职责、管控措施。要认真开展日常巡查，及时发现设施设备异常，避免事态扩大造成严重后果。要严格执行设施设备养护管理规则，结合冬春季节天气变化，加强对道岔、接触网（轨）、站台门等设备的检修维护，确保系统安全可靠运行。

《通报》强调，要进一步完善运营突发事件应急预案体系，加强应急值守，做好物资储备、通信保障等准备工作，重点组织开展异物侵限、极端恶劣天气、大客流踩踏等突发事件的应急演练。一旦发生运营突发事件，要第一时间按照应急预案要求，迅速开展应急处置工作，确保响应及时、措施得当、处置有力。超设计能力等极端天气条件下果断采取停运列车、疏散乘客、关闭车站等应急措施，保障人民群众生命财产安全。

课后练习题

1. 列出三种常用的安全防护装置，并简要说明其技术特点及功能。
2. 简述站台门系统的门体绝缘方案。
3. 为避免乘客被夹在站台门与列车车体之间造成事故，通常安装哪些安全防护装置？
4. 简述红外探测装置的工作原理。

模块 7
站台门系统与其他系统的接口

知识结构

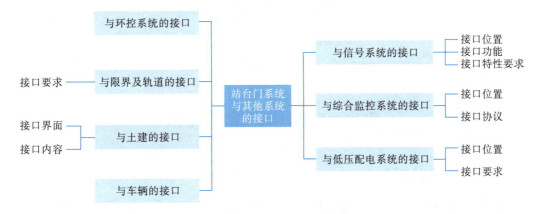

知识目标

1. 掌握站台门系统与信号系统的接口位置、接口功能及接口特性要求。
2. 掌握站台门系统与综合监控系统的接口位置和接口协议。
3. 掌握站台门系统与低压配电系统的接口位置和接口要求。
4. 掌握站台门系统与限界及轨道的接口要求。
5. 掌握站台门系统与土建的接口界面和接口内容。
6. 掌握站台门系统与车辆的接口。

思政目标

1. 通过学习北京地铁 1 号线站台门安装过程,了解施工的复杂性和专业性,学会全面思考问题,培养专业素质。

站台门系统是一个涉及车站诸多其他专业的系统工程,所以处理好与其他专业的接口设计是十分重要的。如图 7-1 所示,站台门系统与信号系统、综合监控系统、低压配电系统、环控系统、限界、车辆、土建等都存在接口。

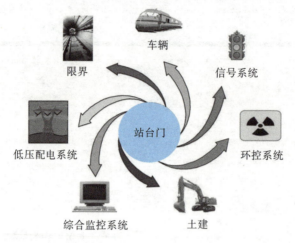

图 7-1　站台门系统与其他系统的接口

7.1　与信号系统的接口

7.1.1　接口界面划分

信号系统与站台门系统的接口位置位于各站的站台门系统设备控制室内中央控制盘的端子排上。如图 7-2 所示,信号系统负责向站台门系统提供开、关门控制信号;站台门系统向信号系统反馈"门关闭且锁紧"和"互锁解除"信息。

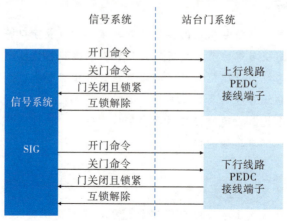

图 7-2　站台门系统与信号系统的接口示意图

7.1.2 接口功能要求

站台门的安全监督、控制分别由列车自动防护子系统(Automatic Train Protection，ATP)和列车自动运行系统(Automatic Train Operation，ATO)负责。ATP 负责开关站台门的安全监督，ATO 负责站台门与车门的同步开关控制。

列车进站停车时，站台门的"门关闭且锁紧"信号得到信号系统 ATP 子系统的连续监测，当发现该信号异常或者信号系统收不到该信号时，列车将采取紧急制动。只有 ATP 确认列车停在规定的停车窗内，才允许 ATO 向列车发出开门指令，同时也向站台门系统发出开门指令。

列车出站时，ATO 向列车发出关车门控制命令，也向站台门发出关门信号，经 ATP 确认列车门及站台门均已关好后才允许启动列车。如果站台门的"门关闭且锁紧"信号异常或信号系统收不到该信息时，ATP 系统将对出站列车实施紧急制动。

站台门的状态需发送至车载 ATP，并在列车司机室内相关显示器上进行显示。

在信号系统既接收不到站台门的"门关闭且锁紧"信息，又收不到"互锁解除"信息的情况下，列车可以切除 ATP，人工驾驶列车进出车站。

开、关门命令以及"门关闭且锁紧"信息必须连续不中断。只有在不间断地接收到站台门的"门关闭且锁紧"信号的情况下，列车才能进入站台区域或从站台区域发车。可以通过"互锁解除"信号解除站台门与信号系统的连锁关系，此信号由站台门系统发出，并经安全通道传送至信号系统。开、关门命令和表示状态信息的传输通道采用安全通道。

7.1.3 接口特性要求

(1)信号系统与站台门系统的接口不考虑冗余措施。

(2)接口电路用继电器采用安全型继电器，接口信号为安全信号。

(3)接口电路能明显、准确体现两系统间的连锁关系。

(4)接口电路用于系统间传递信息的电环路采用双断设计。典型的双断回路示意图如图 7-3 所示。

(5)信号系统与站台门系统之间的接口电缆，实行上、下行分开和命令、信息分开的原则。

(6)"门关闭且锁紧"和"互锁解除"采用相互独立的安全回路。

(7)信号系统和站台门系统均对双方接口信息进行事件记录。

(8)接口与两系统间均采取一定的隔离措施，不允许由于接口的原因，损坏信号系统和站台门系统内部设备。

(9)接口电路电源实行谁使用谁提供的原则，如图 7-4 和图 7-5 所示。

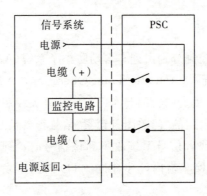

图 7-3 双断回路示意图

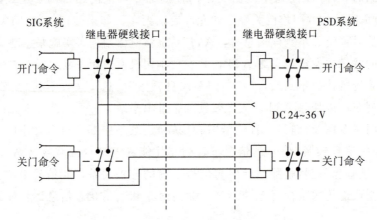

图 7-4 SIG 发往 PSD 的信息接口示意图

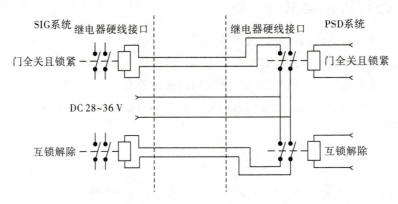

图 7-5 PSD 发往 SIG 的信息接口示意图

7.2 与综合监控系统的接口

7.2.1 接口界面划分

站台门系统与综合监控系统间的接口界面在综合监控系统设备房的接线端子上，接口界面示意图如图 7-6 所示。

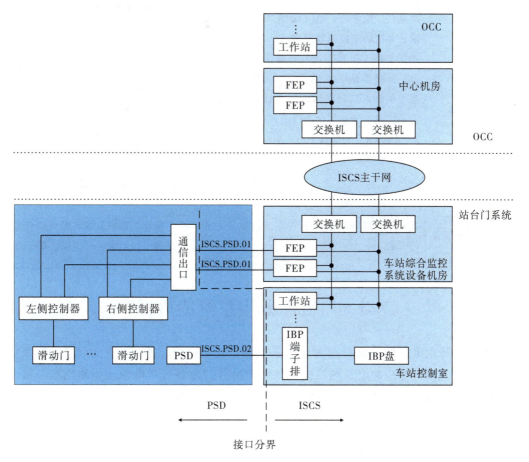

图 7-6 综合监控系统与站台门系统接口界面示意图

7.2.2 接口协议要求

综合监控系统与站台门接口协议采用基于 TCP/IP 的 MODBUS 标准协议。

如果综合监控系统与站台门两个系统电缆的连接距离超过 80 m，使用 10 M/100 M 以太网的光电转换器及相关附件，光电转换器光口类型为单模或多模。

7.2.3 接口功能要求

站台门与综合监控专业车站接口功能要求见表 7-1。

表 7-1 站台门与综合监控专业车站接口功能要求

功能要求	站台门（PSD）系统	综合监控（ISCS）系统
PSD 和 ISCS 进行信息交流	1. PSD 负责将每个车站中所有门单元（包括滑动门、应急门、端门）的相关信息进行集成。并按约定好的数据格式，向 ISCS 系统提供车站所有 PSD 设备的运行状态（含门的开、关状态等）和故障信息。在集成后的信息中能够识别到具体的门单元。对所有传输的信息均采用冗余通道的方式 2. 接收 ISCS 系统提供的 500 ms 校时信息 3. 回应 ISCS 对 PSD 与 ISCS 之间的通道进行检测	1. ISCS 系统需至少每隔一定时间对与 PSD 系统的通道进行检测 2. ISCS 系统负责对 PSD 系统的运营统计报表工作 3. ISCS 系统能监视 PSD 系统的运行状态，并在车站综合控制室和全线控制中心的显示终端进行显示 4. ISCS 系统对 PSD 系统可实施故障查询和历史记录 5. ISCS 系统间隔一定时间为 PSD 系统提供时钟校时信息
实现车站控制室对本站 PSD 设备的控制功能	接收来自综合后备盘的控制，并驱动站台门开启	统一设计综合后备盘，提供综合后备盘的按钮、指示灯、接线端子

7.3 与低压配电系统的接口

车站低压配电系统向站台门系统提供一级负荷，两路三相 380 V、50 Hz 交流电源。站台门系统与低压配电系统的接口位于，站台门设备房双电源切换箱出线开关下口和站台门设备房接地端子箱上。接口分界如图 7-7 所示。

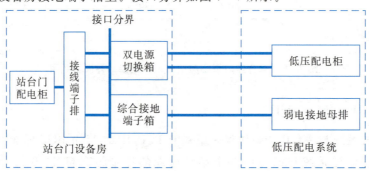

图 7-7 站台门系统与低压配电系统接口示意图

站台门与低压配电系统的物理接口划分如表 7-2 所示。

表 7-2 站台门与低压配电系统的物理接口划分

接口内容	位置	数目
站台门驱动与控制电源	站台门设备房双电源切换箱出线开关下口	含驱动电源、控制电源各两路，其中一路备用
站台门设备房柜体接地	站台门设备房接地端子箱	1 处

站台门与低压配电系统的物理接口的功能要求如表 7-3 所示。

表 7-3 站台门与低压配电系统的物理接口的功能要求

功能	站台门	低压配电
动力照明	负责提供从双电源切换箱（动照专业提供）至站台门配电柜箱带标识的低烟、无卤、阻燃电力电缆；负责此段电力电缆的敷设，接插件的制作及输出端的连接，并对连接的正确性负责	负责提供双电源切换箱及带标识的接线端子，对双电源切换箱及其输入端电力电缆连接的正确性负责，并确保站台门系统用电回路独立性。 (1) 接地形式：TN-S。 (2) 电压等级：交流 380 V（一级负荷）。 (3) 电压波动范围：±7%。 (4) 频率：50 Hz。 标准地下车站（两侧站台）驱动电源和控制电源容量不超过 30 kW
接地	提供柜体与端子箱间接地电缆（内部电阻小于 1 Ω）及敷设	动力照明专业在站台门设备室提供综合接地端子箱

7.4 与车辆的接口

根据车辆编组、车辆长度、车门、列车驾驶室门的位置及尺寸确定滑动门、应急门、端门的设置。

7.5 与土建的接口

站台门与土建结构的接口界面在车站站台的结构顶梁和站台结构板上。站台门在站台上的安装，上部通过预埋件及连接杆件与站台顶梁相连，下部通过支承件和预留的孔洞与站台结构板相连接。站台门设备方负责所有与土建结构相连接部件的设计、供货和安装。

站台门顶箱盖板兼做车站导向板,顶箱盖板及导向内容由站台门设备方负责制造。站台门设备方负责站台门顶箱灯带与顶箱盖板间的位置协调及灯带与站台门门体间的绝缘处理。每侧站台两端门处结构梁以上由建筑装修密封,结构顶梁由站台门系统端门顶箱盖板遮挡,均考虑承受的风载。

7.6 与限界及轨道的接口

车辆限界是指在考虑车辆基本轮廓结构的基础上,同时考虑其在运行过程中所产生的横向和竖向晃动的偏移量,所形成最大空间的包络线尺寸,这个尺寸要比车辆实际的尺寸大。

站台门在施工时与车辆限界进行配合,站台门的安装不会侵入列车行驶动态包络线,以确保车辆运行的安全。站台门距离轨道中心线最终限界需在车辆资料确定后提供。站台门系统的任何构件在轨道侧应满足《地铁限界标准》(CJJ/T 96—2018)规定的设备限界要求。

【案例引入】2020年8月2日凌晨,某地铁因桥隧维保施工设备侵限(平板车上的机械臂弹开侵限),造成站台门损坏,如图7-8所示。

图7-8 侵限

站台门门体部分与轨道进行可靠连接,由站台门设备商进行施工,具体连接位置由站台门设备商在施工时与相关轨道系统部门进行协调。

7.7　与环控系统的接口

按照用户的要求安排环控系统与站台门系统之间的接口形式、通信协议类型、数据格式。信息交接点在站台门系统的中央接口盘的端子排上。

思政拓展

北京地铁1号线加装屏蔽门纪实

2016年8月，经过20多天的紧张施工，永安里地铁站站台两侧的屏蔽门已基本安装、微调到位。早在4月25日，地铁1号线南礼士路站曾作为试点站，正式开工安装站台门。但由于1号线建设较早，站台强度不够，所以在安装站台门门体前，要先进行站台板加固。经过工作人员确认，自永安里站以东5个站，由于站台板承重力较好，可直接进行站台门安装，不用再像南礼士路站需要站台板整体加固。所以，永安里站成了1号线第一个安装站台门的车站。

午夜零点38分，随着"三轨已断电"的广播提示在地铁1号线永安里站响起，早已等候多时的工人师傅们翻下站台，按照已演练得非常熟练的工序开始进行屏蔽门安装。灯火通明的车站内，搬运门体、放线、确认尺寸、拆除预挡板、站台门定位连接、张贴标识……一道道工序有条不紊地推进，自末班地铁驶离后已进入"睡眠状态"的地铁站又重新热闹起来(图7-9)。

1971年开始运营、有几十年历史的北京地铁1号线的安全系数一直是北京市民所关注的热点。1号线作为首都建成最早的地铁线路，却因隧道通风、站台承重、土建基础、列车停站精度等多种历史原因迟迟没有安装安全屏蔽门。2016年4月25日，1号线加装屏蔽门正式开工。工程涵盖全线站台板加固、机房建筑、机房装饰装修、屏蔽门安装、屏蔽门监控、通信系统、火灾自动报警系统、通风空调、给排水及消防、动力照明系统以及联合试运转11个专业的改造任务。2016年7月18日，当早起上班的人们在永安里站台惊喜地发现一夜之间竖立起的三扇半高屏蔽门时，却很少有人知道相关的三轨改移、站台板加固、定位打孔等基础准备工作已紧锣密鼓进行了14个月。

作为北京年龄最老的一条地铁线路，1号线的施工条件与目前地铁新线根本无法相比，特别是站台板的承重力受到很大限制。在安装站台门门体前，要先进行站台板的"加固补强"，将"碍事"的接触轨进行平移，随后在原有的站台板下重新浇筑一块新板，用来固定后续安装的屏蔽门。即便如此，加固后的站台也只能安装与13号线、八通线类似的1.5米半高屏蔽门，俗称"站台门"。

"暂时不用的扳手都放到工作服的口袋里，螺丝一次尽量多带，不要老是在站台上往返取东西耽误时间！"施工现场的技术指导，已有十几年屏蔽门安装经验的陈师傅不停地提醒着。谈到这次施工中遇到的最大难题,老陈和现场负责安全监督的地铁运营公司工作人员异口同声地说:时间!由于1号线每天客流量巨大,封站改造会对市民的日常工作生活产生较大影响,所以地铁公司采取夜间施工方式。从末班车后至次日首班车前,再除去必需的线路检测时段,留给工人们调试和安装的时间每天3个小时。"也别怪我对他们抠得这么严,每天给我们留的工作时间太短了,很多以前工作中养成的习惯在这里必须改掉。"老陈严肃地说。

经过20多天的辛勤工作,如今永安里站台两侧已整齐地排列起46组"站台门",位于站台板内部的桥架安装及线路铺设工作也接近尾声。很快,陈师傅和工人们就将转战到国贸地铁站,开启下一场"改造攻坚战"。单站屏蔽门的动调,屏蔽门、列车门和信号系统联动联锁试验将转交给下一组专业工作团队接力完成。

3点30分,站台上响起了"接触轨准备通电,所有人员撤离"的提示。忙碌了一夜的工人们开始整理工具,将调试完的屏蔽门逐一复位,迅速撤离施工现场。

一夜又一夜,紧张的3个小时"地下攻坚战"正在地铁1、2号线一座座车站内陆续铺开。

每一扇屏蔽门的顺利安装都需要站台上下的工人密切配合,随时监测门体上下的倾斜角度。安装时哪怕出现一毫米的误差,也会对后续的调试工作造成重大影响。

磁力线坠和标尺是工人们随身携带的两件法宝。有它们作为参照,屏蔽门与站台板间大小几十颗固定螺栓才能准确无误地安装到位。

除了在站台安装屏蔽门外,工人师傅还会钻入1.5 m高的站台板内部安装桥架、铺设线路。由于修建年代久远,站台板内部沉积了大量灰尘,口罩和头灯成为除工作

图7-9 施工现场

服外的标配。

每天末班地铁通过前都会召开工前会议。所有参加当晚施工的人员排队点名后，工程负责人和安全监督员会通报当晚任务并进行安全规范教育，提醒大伙脑中时刻要绷紧安全这根弦。

作为地铁 1 号线屏蔽门改造顺利实施的前提，沿线各站台的接触轨改移工程早在 2015 年 5 月就已全面展开。利用每天地铁停运后的 3 个小时，施工人员先在行车方向右侧重新布置一条接触轨，再将原行车方向左侧的老接触轨切割、拆除。

看到地铁 1 号线终于安上了屏蔽门，不少"地铁上班族"欣喜不已。这条运营了几十年的地铁老线以更加安全的姿态迎接着每一位乘客。

课后练习题

1. 站台门系统与哪些系统之间存在接口呢？
2. 信号系统与站台门系统单元控制器之间有哪些信号传递？
3. 简述站台门系统与限界的接口。

模块 8

站台门系统维护

 知识结构

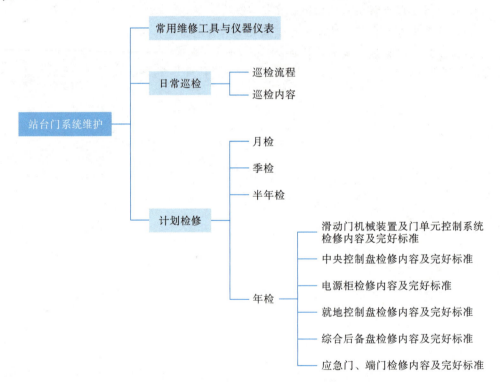

🗝 知识目标

1. 认识站台门系统维护常用的维修工具和仪器仪表。
2. 掌握站台门设备巡检流程及方法。
3. 熟悉站台门设备计划检修流程及方法。
4. 掌握站台门系统中各设备的检修标准。

技能目标

1. 会使用站台门系统维护常用的维修工具和仪器仪表。
2. 能根据检修标准，对站台门设备进行检修。

思政目标

1. 精修细检，安全高效。
2. 标准化作业。

站台门系统设备的维修工作，应贯彻"预防为主、防治结合、养修并重"的原则，保证设备系统安全、可靠、高效、低成本地运行。城轨机电检修工需要定期对站台门设备进行安全和功能性检查，这是保证站台门系统正常运行的重要条件。

8.1 常用维修工具和仪器仪表

作为一名城轨机电检修工，在对站台门设备进行检修的时候，需要用到多种维修工具和仪器仪表，如图 8-1 所示。

图 8-1 常用维修工具和仪器仪表

8.1.1 常用维修工具

1. 验电笔

验电笔也称验电器，俗称电笔，它是用来检测导线、电器和电气设备的金属外壳是否带电的一种电工工具。

根据外形分，验电笔有钢笔式和螺丝刀式两种，如图 8-2 所示；根据测量电压高低验电笔分为低压验电器和高压验电器，低压验电器测量范围在 50~250 V 之间。

使用方法及注意事项：如图 8-3 所示，使用验电笔时，以中指和拇指持验电笔笔身，食指接触笔尾金属体或笔挂。当带电体与接地之间电位差大于 60 V 时，氖泡产生辉光，证明有电。人手接触电笔部位一定要在验电笔的金属笔盖或者笔挂处，绝对不能接触验电笔的笔尖金属体，以免发生触电。

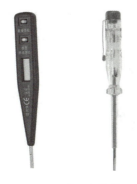 

图 8-2　常用验电笔　　　　图 8-3　验电笔使用方法

2. 钳

(1) 钢丝钳。钢丝钳又叫老虎钳，是一种夹钳式的剪切工具。如图 8-4 所示，老虎钳由钳头和钳柄组成，钳头可分为齿口、刀口、铡口三部分。运用不同钳头部位，老虎钳可以紧固和松卸螺母，剥除电线绝缘外皮，剪切电线、铁丝和钢丝。老虎钳一般都装有耐 500 V 电压的绝缘层，可带电剪断电线。

需要注意的是使用前，应检查钢丝钳绝缘是否良好，以免带电作业时造成触电事故；在带电剪切导线时，不得用刀口同时剪切不同电位的两根线（如相线与零线、相线与相线等），以免发生短路事故。

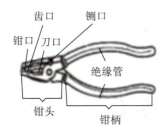

图 8-4　老虎钳

(2) 尖嘴钳。尖嘴钳头部很尖，适用于狭小的空间操作。如图 8-5 所示，尖嘴钳钳柄有铁柄和绝缘柄两种。绝缘柄主要用于切断和弯曲细小的导线、金属丝，夹持小螺钉、垫圈及导线等元件，还能将导线端头弯曲成所需的各种形状。

图 8-5　尖嘴钳

(3)斜口钳。斜口钳主要用于剪断较粗的电线、金属丝及导线电缆,如图 8-6 所示。

图 8-6 斜口钳

(4)剥线钳。剥线钳用于剥削小直径导线绝缘层的专用工具,如图 8-7 所示。使用时,将要剥削的绝缘层长度用标尺定好后,即可把导线放入相应的刃口中(比导线直径稍大),用手将柄握紧,导线的绝缘层即被割破。

图 8-7 剥线钳

(5)压接钳。压接钳是连接导线与端头的常用工具。采用压接的电连接施工方便,接触电阻比较小,牢固可靠。根据压接导线和压接套管的截面积来选择不同规格的压接钳。图 8-8 为压接钳和各种接线端子。

图 8-8 压接钳及各种接线端子

3. 电烙铁

电烙铁的结构、分类及使用方法如图 8-9、图 8-10 所示。

使用注意事项:使用前应检查电源线是否良好,有无被烫伤;焊接电子类元件(特别是集成块)时,应采用防漏电等安全措施;当焊头因氧化而不"吃锡"时,不可硬烧;当焊头上锡较多不便焊接时,不可甩锡,不可敲击;焊接较小元件时,时间不宜过长,

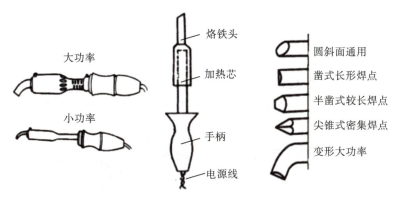

图 8-9 电烙铁的结构和分类

图 8-10 电烙铁的握法

以免因热损坏元件或绝缘;焊接完毕,应拔去电源插头,将电烙铁置于金属支架上,防止烫伤或火灾的发生。

4. 玻璃吸盘

玻璃吸盘,拆卸、更换门体时使用,如图 8-11 所示。使用时,首先用干净的软布擦去玻璃等吸附面上的灰尘、污垢、油污等,安装前必须让吸附面完全干燥;然后按住吸盘的中心部位朝吸附面用力压紧,并将吸盘里的空气排除掉;最后按住吸盘并将吸盘柄压下,使吸盘更牢固地吸附于吸附面上。

图 8-11 玻璃吸盘

8.1.2 常用仪器仪表

1. 数字万用表

数字万用表是用于基本故障诊断的便携式装置,主要功能就是对电压、电流、电阻及二极管进行测量。使用数字万用表前,一定要三看,如图 8-12 所示。

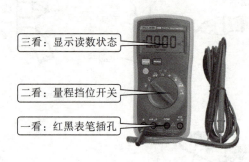

图 8-12 数字万用表

一看红黑表笔插孔,确定测量类型。黑表笔始终插入 COM 孔。如果测量交直流电压或者电阻,红表笔插入 V/Ω 孔内;如果测量电流,需要根据被测电流值的大小,插入 mA 或 A 孔内。所以测量前一定要确认红黑表笔是否放对插孔位置。

二看量程挡位开关,确定测量类型和量程。要清楚测量的数据类型;测量的数据大小不能超过选定量程;测量电压、电流时,如果不知道大小,要从大量程往小测,有了基本读数,再用接近的量程测出准确值。

三看显示读数状态,不被 HOLD 住超范围。按下 HOLD 键,显示屏将一直显示该数据,再按一次 HOLD 键,退出这种状态;最高位显示数字"1",其他位均消失,说明测量已经超出当前量程,这时应选择更高的量程再次进行测量。

(1) 电压的测量。如图 8-13 所示,测量电压时,万用表调整为电压挡及适当量程,万用表并联在电路中("V-"表示直流电压挡,"V~"表示交流电压挡),数值可以直接从显示屏上读取。

(2) 电流的测量。如图 8-14 所示,测量电流时,万用表调整为电流挡及适当量程,万用表串联在电路中("A-"表示直流电流挡,"A~"表示交流电流挡),数值可以直接从显示屏上读取。

需要特别指出的是,如果误用数字万用表的电流挡测量电压,很容易将万用表烧坏。因此,在先测电流后测电压时要格外小心,注意随即改变转盘和表笔的位置。

(3) 电阻的测量。如图 8-15 所示,测量电阻时,万用表调到欧姆挡"Ω"及选择适当量程,万用表与被测电阻并联,待接触良好时读取数值。

(4) 二极管的测量。如图 8-16 所示,对二极管进行测量时,将万用表调到二极管挡,用红表笔接二极管的正极,黑表笔接负极,两表笔与被测二极管并联,这时会显示二极管的正向压降;利用二极管挡测对地阻值判断电路是否开路、短路。

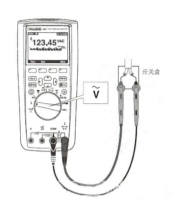

图 8-13 电压测量示意图

图 8-14 电流测量示意图

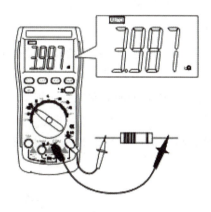

图 8-15 电阻测量示意图

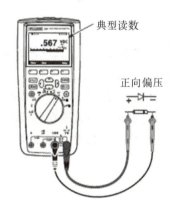

图 8-16 二极管测量示意图

2. 兆欧表

兆欧表是专供用来检测电气设备、供电线路的绝缘电阻的一种便携式仪表。电气设备绝缘性能的好坏,关系到电气设备的正常运行和操作人员的人身安全。为了防止绝缘材料由于发热、受潮、污染、老化等原因所造成的损坏,且便于检查修复后的设备绝缘性能是否达到规定的要求,都需要经常测量其绝缘电阻。在站台门的检修过程中,需要用兆欧表对站台板、门体等的绝缘电阻进行测量。

绝缘电阻阻值较大,单位为兆欧。当我们摇动手柄时,手柄带动发电机内部线圈转动,可产生直流高压。通过表内测量电压大小、电流大小,可计算出电路中的电阻大小,并将电阻数值显示在显示屏上。由于用兆欧表测量绝缘电阻时需要摇动手柄,所以兆欧表又叫摇表。

(1)兆欧表的接线。兆欧表(图 8-17)有三个接线端钮,分别标有 L(线路)、E(接地)和 G(屏蔽)。当测量电力设备对地的绝缘电阻时,应将 L 接到被测设备上,E 可靠接地即可。

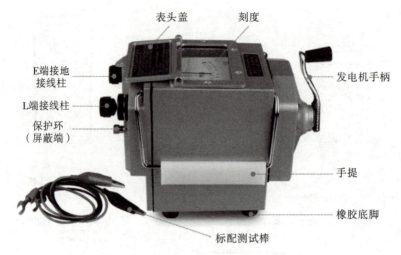

图 8-17 兆欧表

（2）兆欧表的检测。在使用兆欧表测量绝缘电阻前，首先要检查兆欧表的工作情况是否良好，需要对其进行开路和短路试验，如图 8-18 所示。

开路试验：在兆欧表未接通被测电阻之前，摇动手柄使发电机达到 120 r/min 的额定转速，观察指针是否指在标度尺"∞"的位置。

短路试验：将端钮 L 和 E 短接，缓慢摇动手柄，观察指针是否指在标度尺"0"的位置。

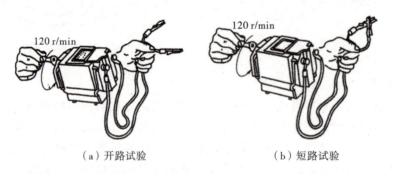

（a）开路试验　　　　　　（b）短路试验

图 8-18　兆欧表检测示意图

（3）兆欧表的使用注意事项。

①观测被测设备和线路是否在停电的状态下进行测量；兆欧表与被测设备间的连接导线不能用双股绝缘线或绞线，应用单股线分开单独连接。

②将被测设备与兆欧表正确接线。摇动手柄时应由慢渐快至额定转速 120 r/min。

③正确读取被测绝缘电阻值大小。同时，还应记录测量时的温度、湿度、被测设备的状况等，以便于分析测量结果。

④兆欧表未停止转动之前或被测设备未放电之前，严禁用手触及，防止人身触电。

3. 钳形电流表

使用钳形电流表可直接测量交流电路的电流，不需断开电路。

钳形电流表外形结构如图 8-19 所示。测量部分主要由一只电磁式电流表和穿心式电流互感器组成。穿心式电流互感器的铁芯做成活动开口，且成钳形，测量起来非常方便。

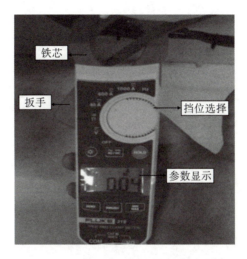

图 8-19 钳形电流表

（1）测量原理。当被测载流导线中有交变电流通过时，交流电流的磁通在互感器副绕组中感应出电流，该电流被电流表转化成数字信号，在钳形电流表的表盘上可读出被测电流值。

（2）使用方法及注意事项。测量前，应检查读数是否为零，否则应进行调整；测量时，量程选择旋钮应置于适当位置，将被测导线置于钳口内中心位置，以减少测量误差。

如果被测电路电流太小，可将被测载流导线在钳口部分的铁芯上缠绕几圈再测量，然后将读数除以穿入钳口内导线的根数即为实际电流值。

钳形电流表只能测量单一线路的电流，测量三相电流时要分别测量。

使用钳形电流表测量时，要注意与带电体保持足够的安全距离，避免发生触电事故。

钳形电流表用完后，应关闭电源，置于通风阴凉处。

4. 内阻测试仪

目前，内阻的测试已被广泛应用于电池的日常维护，取代过去的电压检查法。因为内阻能反映电池内部的参数，电池的内阻已被公认为可以准确而快速地判断电池健康状况的重要参数。

电池内阻测试仪是快速准确测量电池运行状态参数的，数字存储式多功能便携式测试仪器，如图 8-20 所示。该仪表通过在线测试，能显示并记录多组电池电压、内阻、连接条电阻等电池重要参数，精确有效地判别电池优良状况，并可与计算机及专用电池数据分析软件一起构成智能测试设备，进一步跟踪电池的衰变趋势，并提前报警，以利于工程技术及管理人员酌情处理。

图 8-20　电池内阻测试仪

5. 测力计

测力计主要用于关门力的测量，如图 8-21 所示。

测试方法：当滑动门关门处于匀速阶段时，用测力计的顶杆顶住滑动门扇，给门施加一反作用力，电机不断电，门运动速度为零时测得的力。要求关门力不能大于 150 N。

图 8-21　测力计

6. 红外线测温仪

红外线测温仪是通过对物体自身辐射的红外能量的测量，准确地测定物体表面温度的仪器，如图 8-22 所示。红外测温仪采用非接触的方式，在电气系统维护和设备故障诊断及预测性检查等方面发挥着重要作用。通过红外读数来快速而经济有效地识别出接头、电缆接线头、变压器和其他设备上的高温点。日常温度检查有助于防止设备故障和设备停止运行所带来的巨大损失。

图 8-22　红外测温仪

8.2　站台门设备巡检流程及方法

8.2.1　巡检流程说明

巡检人员到车站询问车站工作人员设备是否异常，无异常则开始正常巡检。设备异常则按照故障检修流程处理。

当车站工作人员报异常时，巡检人员应按照车站工作人员指引查看故障设备。若设备异常，则进入非计划检修流程。

当车站工作人员未报异常时，巡检人员应按照巡检要求继续巡检。在巡检过程中查看设备是否正常，若异常，进入非计划性检修流程。

巡检完成应在设备房填写相应巡检表格。

回到车站控制室还钥匙、登记销点，结束本站后继续巡检下一站情况。

8.2.2 巡检内容

巡检内容如表 8-1 所示。

表 8-1 巡检内容表

项目	内容	标准
门体	检查门体玻璃	无划伤和破裂现象
	检查滑动门开、关门情况	同步、顺畅、无拖地、无二次关门
	检查门头指示灯	能正确反映门的状态
	检查门体外观	无刮痕、无擦伤、防尘盖无脱落
	检查绝缘地板清洁保养情况	无破损，不潮湿，无气泡、无深度划痕、无揭皮等现象。与站台门密封连接，密封条无脱落、凹陷等现象
	绝缘地板与密封胶条连接情况	与站台门密封连接，密封条无脱落、凹陷等现象。修复处理后保证门体、绝缘地板达到绝缘要求
电源系统	检查驱动 UPS 电源。内容包括：进线电压、输出电压、功率因数、运行状态、电池组串联电压、电池温度、外观	电源参数正常，指示灯显示正常，无报警声，无历史故障记录，风扇运行正常。电池温度不烫手、无变形、漏液、鼓胀、接线端及气孔无盐霜现象
	检查控制 UPS 电源。内容包括：进线电压、输出电压、运行状态、指示灯测试、环境温度、电池温度、外观以及 UPS、电池、主机是否过载	电源参数正常，指示灯正常，无报警声，风扇运行正常。电池温度不烫手、无变形、漏液、鼓胀、接线端及气孔无盐霜现象
控制系统	检查单元控制器工作状态、插接状况	单元控制器投入使用通道的状态指示灯长亮，备用通道的状态指示灯闪烁。接口可靠连接
	检查系统双切箱电压、电流是否正常	电源参数正常
	查看监视系统报警信息	无故障报警信息
	检查 MODBUS 工作状态	MODBUS 与主控正常通信，指示灯正常
机房	检查机房的温度	温度≤30 ℃，相对湿度≤80%
	检查机房有无漏水	天花板无渗水的痕迹，各冷风机的管道和风口无滴水、漏水现象

8.3 站台门设备计划检修流程及方法

计划检修是一种预防性检修,是一种在一定的检修周期内对站台门系统进行检修,从而达到预防故障发生的维修活动。根据检修周期的不同,维护项目也不同。常见检修周期有一级为日常保养(日检修);二级为二级保养(周检、半月检、月检、季检);三级为小修(半年检、年检、两年检);四级为中修(三年检、四年检、五年检、六年检);五级为大修(根据厂家要求的运行年限及动作次数进行检修)。站台门系统计划检修作业流程如图 8-23 所示。

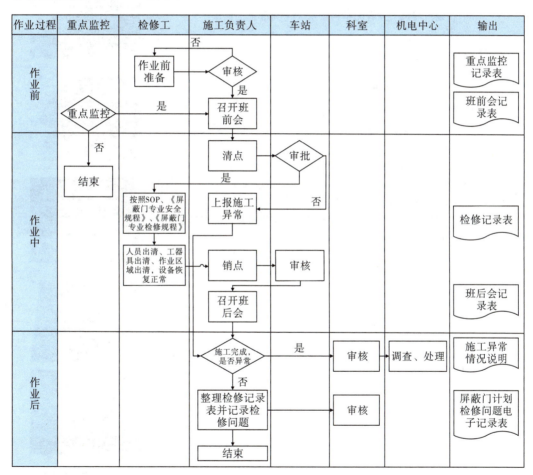

图 8-23 站台门系统计划检修作业流程图

8.3.1 月检作业流程

月检作业流程如表 8-2 所示。

表 8-2　月检作业流程表

作业内容	检修步骤	检修标准	图例
滑动门机械装置及门单元控制系统检修	观察前盖板及盖板锁，并用钥匙开合前盖板	清洁无污迹，锁完好，与门头间隙紧	
	观察门机上方有无结构渗水	无漏水的痕迹	
	使用抹布、毛刷等工具清洁门机内导轨及其他部件	导轨光滑，门挂板平稳移动，门体运动无阻碍	
	用手轻拨门机内端子接线及门机控制器接线端口，查看门机控制器母板是否正常	牢固可靠、无变形破损	
	手动开关各滑动门的手动解锁装置	锁杆上升解锁到位，回落顺畅无滞留	
	使用就地控制盒开关门，观察电机及减速器状况	无异响、漏油	

续表

作业内容	检修步骤	检修标准	图例
滑动门机械装置及门单元控制系统检修	使用就地控制盒开关门,观察滑动门门锁、门锁检测开关和锁闭检测开关是否灵活可靠	灵活可靠,正常工作	
	使用就地控制盒开关门,并用模拟障碍物测试障碍物检测功能是否正常	灵敏度及动作响应过程符合设计要求	
	使用就地控制盒开关门,观察滑动门是否摩擦立柱胶条	间隙为 6 mm,无摩擦	
	观察滑动门门槛导槽中是否存在异物	无异物及垃圾	
	检查玻璃、密封胶是否完好	外观完好,紧密固定	
	检查站台门后封板禁锢、密封情况	外观完好,无脱落迹象	

续表

作业内容	检修步骤	检修标准	图例
滑动门机械装置及门单元控制系统检修	瞭望灯带是否完好	应全部点亮	
	观察并用手轻拨瞭望灯带固定夹、灯带尾塞、灯带电源接插件是否松动	紧固牢靠，无松动	
	检查瞭望灯带内灯泡是否有盲点、是否明显变暗	无盲点，无暗光	
中央控制盘检修	使用红外测温仪检查控制柜内继电器等电气元器件的温升，并听设备有无运行噪声	电气元器件正常，无噪声，无异常发热	

续表

作业内容	检修步骤	检修标准	图例
中央控制盘检修	用抹布清洁柜体、电缆槽架外表面	干净无尘，稳固	
	清洁柜内设备、检查元器件标示是否齐全	设备干净、标示齐全	
	观察中央控制盘柜内安全继电器、时间继电器、固态继电器工作是否正常	安装、接线稳固；器件动作指示正常	
	检查中央控制盘柜内布线、器件安装	整齐、稳固、清洁、无老化破损	
	对站台门机房进行打扫	干净无尘	
	使用试灯按钮测试中央控制盘的面板指示灯	正常显示	

续表

作业内容	检修步骤	检修标准	图例
中央控制盘检修	手动切换单元控制器各通道能否正常使用	功能正常	
	检查中央控制盘监视软件是否死机，查看时钟信息、运行记录及故障记录，数据记录下载到U盘保存	软件正常运行，可顺利下载到U盘	
驱动电源柜检修	柜体表面清洁是否完成	柜体保持清洁无污渍	
	清洁设备、检查元器件标示是否齐全	设备干净，元器件标示齐全	
	紧固各开关、接线端子、接地点的接线	接线牢靠无松动	

续表

作业内容	检修步骤	检修标准	图例
驱动电源柜检修	检查电压表能否正确显示电压值，误差是否在正常范围内	DC 90～130 V	
	检查电流表能否正确显示电流值，误差是否在正常范围内	0～3 A	
	检查电源监视屏信息显示是否正常	故障应有相应记录	
控制电源柜检修	柜体表面清洁是否完成	柜体保持清洁无污渍	
	清洁设备、检查元器件标示是否齐全	设备干净，元器件标示齐全	

续表

作业内容	检修步骤	检修标准	图例
控制电源柜检修	紧固各开关、接线端子、接地点的接线	接线牢靠无松动	
	检查电压表能否正确显示电压值,误差是否在正常范围内	AC 220 V、AC 50 V；DC 120 V、DC 24 V	
	测量电池电压	DC 90～130 V	
就地控制盘检修	箱体表面清洁是否完成	箱体保持清洁无污渍	
	清洁设备、检查元器件标示是否齐全	设备干净,元器件标示齐全	
	紧固各开关、接线端子的接线	接线牢靠无松动	
应急门、端门检修	检查门体玻璃是否有划痕和裂纹	门体玻璃无任何破损	

续表

作业内容	检修步骤	检修标准	图例
应急门、端门检修	清洁顶箱内各元器件及端子	器件干净无灰尘	
	检查门体是否能够关闭锁紧，锁紧装置是否正常	应急门及端门能够顺利关闭且锁紧	
	检查门体闭锁行程开关与门锁是否吻合	间隙为 2~3 mm	
	检查门体锁芯、紧固螺丝、锁杆、锁盘、撞针、行程开关等门锁机构是否紧固，无松动、磨损、变形现象	门锁机构无松动、无严重磨损、无变形现象	
	记录应急门、端门锁杆落下长度	不低于 5 mm	

8.3.2　季检作业流程(包含月检作业内容)

季检作业流程表见表 8-3。

表 8-3　季检作业流程表

作业内容	检修步骤	检修标准	图例
滑动门机械装置及门单元控制系统检修	检查皮带及传动装置工作是否正常	皮带无裂纹，传动装置无异响	
	检查门体滚轮工作是否正常	滚轮无裂痕，无异响	
	检查门机内电线、电缆是否正常	电线电缆无松动，无破损	
控制电源柜检修	检查电池外观，测量电池温度	电池无泄漏，长期温度不超过 30 ℃，短时不超过 40 ℃	
就地控制盘检修	用试灯按钮测试就地控制盘面板指示灯	指示灯均正常点亮	
	操作就地控制盘进行开关门，能否实现站台级控制	整侧滑动门执行开关命令	
	操作就地控制盘进行互锁解除，指示灯是否亮起，显示终端界面是否有事件记录	互锁解除指示灯正常点亮，显示终端界面有事件记录	

8.3.3　半年检作业流程(包含季检作业内容)

半年检作业流程表见表 8-4。

表 8-4　半年检作业流程表

作业内容	检修步骤	检修标准	图例
滑动门机械装置及门单元控制系统检修	测量并记录门体关门力(抽测 4 道门)	关门力不大于 133 N	
	检查门导靴是否正常	导靴无剐蹭、无异响	
	记录碳刷长度(抽测 4 道门)	碳刷突出部分不低于 10 mm	
	电机及减速器安装是否松动	固定牢靠	
控制电源柜检修	对 UPS 电池进行放电同时记录电压值	放电完成后，电压值应低于 110 V	

续表

作业内容	检修步骤	检修标准	图例
综合后备盘检修	检查综合后备盘外观完整性	综合后备盘站台门部分器件外观正常	
	检查综合后备盘是否可正确控制整侧滑动门	正确响应开关门命令	
	检查终端显示界面是否正确记录综合后备盘操作事件	每次操作均有记录	
应急门、端门检修	检查轨道侧和站台侧的手动推杆以及解锁装置是否正常	推杆及解锁装置顺畅，无卡滞	
	门体打开是否顺畅，应没有拖地等异常现象	门体打开正常位置应不小于90°	
	门体防撞条是否松动以及松脱	胶条无松脱	

续表

作业内容	检修步骤	检修标准	图例
应急门、端门检修	检查端门闭门器是否有效	门体打开90°后有足够的关门力度	
	检查门头指示灯功能是否正常	应急门打开常亮，端门打开常亮	
	检查门机内各电气线路行程开关是否正常	行程开关功能正常	
	检查门机内线路接线是否牢固	接线牢靠无松动	

8.3.4 年检作业流程（包含半年检作业内容）

年检作业流程表见表8-5。

站台门年检

表8-5 年检作业流程表

作业内容	检修步骤	检修标准	图例
滑动门机械装置及门单元控制系统检修	检查门体、门槛紧固情况是否正常	无松动	

续表

作业内容	检修步骤	检修标准	图例
滑动门机械装置及门单元控制系统检修	门体底座清洁	干净无异物	
	门体上下支撑机构紧固情况检查	无松动	
	门体等电位电缆检查	固定牢靠,无松动	
	门体上方电缆线槽是否牢靠	固定牢靠,无松动	

8.3.5 安全注意事项

(1)要正确佩戴劳动防护用具,包括安全帽、荧光衣、劳保鞋和手电筒,做好安全防护。

【案例引入】2019 年,某站台门厂家对站台门维修时,低头查看站台门时,因安全帽未系紧,不慎将安全帽掉落至轨行区,当时立即上报,经行调批准后将安全帽捡出。

(2)确保处于安全的位置,正在调试设备时,远离运转、运动的设备。

【案例引入】在某次站台门 5 000 次测试时,在站台门打开时,刘某将头伸到轨行区，当站台门关闭时夹住刘某头部，刘某因戴安全帽，未对其头部造成损伤。

(3)登梯作业(图8-24)时，一人扶梯，一人作业，严禁一个梯子站两人。

图8-24 登梯作业

(4)进入气体灭火保护房间前将气灭盘打至手动状态。

(5)作业过程中禁止使用设备电源。

(6)作业过程中工具材料放稳妥，禁止抛掷传递物品。

(7)抹布潮湿但不能滴流清洁液，禁止使用酸性、碱性、脂溶性清洁液。

(8)准备好作业材料及工器具，电动清洁工具使用时做好防触电防护。

(9)门机内设备未断电，禁止检修作业。

(10)作业完毕后，做好物料及工器具出清工作，将设备恢复至正常状态。

思政拓展

"360"理念

"3"核心理念

安全价值观：一切事故皆可预防。

安全愿景：和谐顺畅，幸福安康。

安全使命：安全运营，畅行绿城。

城市轨道交通**站台门系统及检修技术**

"6"安全理念
安全态度：我要安全，我能安全。
安全责任：立责于心，履责于行。
安全技术：科技强安，创新致远。
安全质量：精检细修，安全高效。
安全环境：工区无患，乘客无忧。
安全管理：抓小防大，严管厚爱。
"0"安全目标
零事故，零伤害。

思政拓展

地铁站台门"专科医生"：一道门检查28处 细心护安全

地铁站台门是乘客出行的安全保障之一。在北京各大地铁站里，有一群人专门负责"保护"站台门。

"车门即将关闭，请您抓紧时间上下车……"在京港地铁16号线苏州桥站，伴随着"嘀嘀嘀"的提示音，地铁站台门开始关闭。此时，站台上有位"乘客"并没有上车，而是专注地盯着站台门，侧耳倾听着，他就是京港地铁16号线高级车站维修督导杨阳。

作为从业21年的"老专家"，站台门有任何异动都逃不过杨阳的眼睛和耳朵：只要听到门开关时的异响，他就能判断出哪里出了问题；仅凭同事描述的状况，他便能准确判断出站台门的故障位置并迅速进行处理。也正因为如此，杨阳被同事们称为站台门"专科医生"。

80道滑动站台门、16道应急门、66道固定门、4道端门……杨阳与同事们负责16号线中段8个地铁站，每日巡视已经开通的车站，定期巡视暂缓开通的车站。他们共计需要对262扇门体进行检修，一道门的详细检修需要检查28处，精准度要达到毫米。此外，还要负责对门机(车站)内设备及站台门等相关设备进行检修。

杨阳的工作需要白夜交替倒班。白天他会带领几名技术员，每人携带15斤的工具包，在各地铁站进行日常巡视，检查站台门的状态。"开关门动作是否顺畅，有无抖动、缓慢的情况，有无异响等，这些都要认真检查。"杨阳说，如果哪个地铁站内有站台门突发故障，工作人员也会联系他们及时检修。

到了夜间，杨阳和同事们则要根据检修计划，对站台门及车站相关设备进行例行检修。每天午夜12点到凌晨4点是维护时间，断电后下到昏暗的轨行区，弯着身子检修站台门与站台板的固定件，对杨阳来说已经是"家常便饭"。

2020年，杨阳参与到16号线中段的开通筹备工作当中。按照规定，站台门部分门缝测量需要精准到不大于5毫米的距离，为了不影响操作的精准度，操作时不能戴太厚的手套。在冬天夜间零下六七摄氏度的工作环境中，杨阳和同事们的手经常会冻得发红发疼，但他们都坚持了下来。

2020年12月31日，16号线中段如期开通。刚下夜班的杨阳坐4号线头班车赶往万寿寺站，在国家图书馆站换乘到16号线之后，每一站都有乘客下车拍照，每一节车厢都有乘客在兴奋、热烈地谈论着16号线中段的开通。这些让杨阳这个坚强的男子汉眼眶里充满了泪水："半年多来日以继夜的忙碌和辛苦，此刻心里就只有一句话——一切都值了。"

多年"诊断"地铁站台门的工作，让杨阳养成了分析站台门声响的"兴趣"。他还会把日常工作中积累的工作经验和窍门，毫不吝啬地分享给同事。"我很热爱现在的工作，每次处理好问题都能给我很大的成就感。在这里我能够不断充实自己，成为一个对社会有用的人。当我看到千千万万的乘客每一次安全、顺利地乘降，每个人都可以平安及时回家团圆时，我作为京港人感到十分骄傲。"杨阳说。

课后练习题

1. 站台门的计划检修包括哪些种类？
2. 简述站台门年检修的作业内容和作业标准。
3. 站台门系统维护时有哪些安全注意事项？

模块 9

站台门系统故障处理

📝 **知识结构**

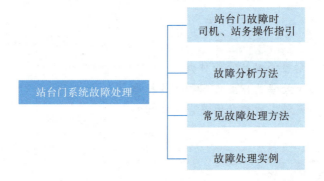

🔑 **知识目标**

1. 了解站台门系统故障时司机和站务的操作指引。
2. 掌握站台门系统的故障分析方法。
3. 掌握站台门系统的常见故障处理方法。
4. 掌握站台门门机电源模块故障、闸锁回弹不畅故障、安全回路故障的处理。

🛠 **技能目标**

1. 会对站台门系统的故障进行分析。
2. 能根据操作卡片，完成故障的处理。

📣 **思政目标**

1. 精修细检，安全高效。
2. 矢志创新，精益求精。

城轨机电检修工对站台门系统进行维护维修前，必须了解、认知各种常见故障，在遇到这些故障时，需要有清晰的故障处理思路对故障进行快速诊断，要能第一时间判断出故障类型、故障点位置，并能按照故障处理流程进行故障排除。

9.1　站台门故障时司机、站务操作指引

1. 列车到站后，一道或多道滑动门不能正常打开的故障处理指引

（1）司机发现站台门故障，做好乘客广播，报告行调，并通知车站人员，视情况适当延长停站时间。

（2）站台站务人员发现两道及以下滑动门不能打开或门头指示灯报警时，立即将故障门单元 LCB 开关转到"手动关"位，引导乘客从正常滑动门上下车。

（3）站台站务人员发现三道及以上滑动门不能打开或门头指示灯报警时，立即将故障门单元 LCB 开关转到"手动开"位，如打不开，则使用三角钥匙手动打开站台门，但应保证相邻滑动门不能连续关闭两对，引导乘客上下车。

（4）乘客上下车完毕后，站台站务人员确认站台安全后，向司机显示"好了"信号。

（5）司机观察头端 PSL，确认门全关且锁紧灯是否点亮，如亮，列车离站；如不亮，报行调同意后，确认站台安全的情况下，站务使用"互锁解除"发车。

（6）待列车发车后，站台站务人员张贴故障告示，对开启的滑动门加强监督防护。

2. 列车发车前，一道或多道滑动门不能正常关闭的故障处理指引

（1）司机发现站台门故障，做好乘客广播，报告行调，并通知车站人员，视情况适当延长停站时间。

（2）站台站务人员发现两道及以下滑动门不能关闭或门头指示灯报警时，引导乘客上下车后，立即将故障门单元 LCB 开关转至"手动关"位，如不能关闭，则手动关闭滑动门。站台站务人员确认站台安全后，向司机显示"好了"信号，司机观察头端 PSL 确认门全关且锁紧灯是否点亮，如亮，列车离站；如不亮，报行调同意后，确认站台安全的情况下，站务使用"互锁解除"发车。

（3）出现多道滑动门无法关闭时，站台站务人员将故障门单元 LCB 开关转到"手动关"位，如不能关闭，则手动关闭滑动门，但应保证相邻滑动门不能连续关闭两对，报行调，确认站台安全后向司机显示"好了"信号，按行调指令使用"互锁解除"发车。

（4）待列车发车后，站台站务人员张贴故障告示，对处于开启状态的滑动门加强监督防护。

3. 整侧滑动门不能实现系统级控制，不能与列车车门自动联动打开、关闭的故障处理指引

（1）司机操作 PSL 控制开关整侧滑动门。

(2)司机操作 PSL 控制关闭滑动门后,观察头端 PSL,确认门全关且锁紧灯是否点亮,如亮,列车离站;如不亮,报行调,站务确认站台安全的情况下,按行调指令使用"互锁解除"发车。

4. 整侧滑动门不能正常关闭(使用 PSL 仍不能关闭)的故障处理指引
(1)司机发现站台门故障,做好乘客广播,报告行调,并通知站台站务人员。
(2)站台站务人员将故障门单元 LCB 开关转到"手动关"位,如不能关闭,则手动关闭滑动门,但应保证相邻滑动门不能连续关闭两对。
(3)站台站务人员组织人员对开启的滑动门进行安全防护,确认站台安全后向司机显示"好了"信号,经行调同意后,在确认站台安全的情况下操作"互锁解除"发车。

5. 整侧滑动门不能正常打开(使用 PSL 仍不能打开)的故障处理指引
(1)司机发现站台门故障,立即报行调并告知车站人员,做好乘客广播。
(2)站台站务人员视客流情况决定开启站台门的数量,立即操作故障门单元 LCB 开关转到"手动开"位,如不能打开,则手动开启滑动门,至少保证每节车厢不少于 1 道滑动门开启,同时做好现场防护。
(3)站台站务人员引导乘客从已开启门上下车。
(4)乘客上下车完毕,站台站务人员确认站台门站台安全后,向司机显示"好了"信号,按行调指令使用"互锁解除"发车。
(5)司机凭行调指令,确认"互锁解除"指示灯点亮和站台人员"好了"信号后动车。
(6)站台站务人员操作"互锁解除"接发后续列车。
(7)后续列车司机按行调指令进站,并做好乘客广播,通知乘客从已开启的站台门上下车,适当延长停站时间,凭行调指令,确认"互锁解除"指示灯点亮和站台人员"好了"信号后动车。

6. 站台门无全关且锁紧信号,列车进站发生自动停车或紧急制动,出站紧急制动,或无法出站的故障处理指引
(1)司机立即通过信号屏查看是否有站台门故障信息,立即报行调。
(2)站台站务人员接报后立即确认站台门状态,向行调报告。
(3)站台站务人员按行调要求确认站台门站台安全后操作"互锁解除"接发列车。
(4)司机按行调指令确认站台安全时,限速 25 km/h 进站或出站。
(5)后续列车站台站务人员使用"互锁解除"接发车。

7. 站台门玻璃破裂或破碎的故障处理指引
(1)如果列车准备进站,立即按压站台紧急停车按钮,并报告行调。
(2)如为滑动门破裂,应将破裂门打至"手动关"位且处于关闭状态,操作"手动开"打开相邻的两道滑动门(如为 1-1 滑动门破裂则打开 1-2 滑动门,6-4 滑动门破裂则

打开6-3滑动门），及时用透明胶带先横后竖将玻璃表面粘满。透明胶纸粘贴完毕后，将破裂滑动门保持常开，并在确保安全的前提下将相邻的两道滑动门恢复自动位，同时做好安全防护，安排人员在故障处站岗监护，以防止乘客或物品掉入轨道。

（3）若固定门破裂，应使相邻两对滑动门处于"手动开"状态并保持常开，对固定门做好安全防护，安排人员在故障站台站岗监护。

（4）若端门破裂，应将端门保持常开并指派人员监护。

（5）若应急门破裂，将该应急门关闭，操作相邻两侧滑动门 LCB 钥匙开关，拨至"手动开"位置，打开滑动门进行泄压，确认"关闭且锁紧"信号正常，如无"关闭且锁紧"信号，需在 PSL 处操作"互锁解除"。

（6）列车准备出站时，站台岗应确认站台安全后显示"好了"信号指示司机动车。

（7）若门玻璃破裂，应立即报行调，并及时在破裂玻璃表面粘贴透明胶纸，粘贴方法：先横后竖将玻璃表面粘满透明胶带，防止门玻璃突然爆裂。

（8）若门玻璃已破碎并掉下，将站台破碎玻璃清理完毕，防止玻璃碎片掉入轨行区。若碎玻璃掉进轨道影响列车运行时，需及时提报行调，并及时进行清理。

（9）行调根据站台门的破损情况，必要时要求司机降低列车进出站速度。

（10）车站应保护好现场，协助维修部门进行维修和事后查看录像。

8. 站台门夹人夹物应急处理程序

如图9-1为站台门夹人夹物应急处理程序。

9. 整侧滑动门关闭后，动车前整侧或部分滑动门自动打开的故障处理指引

（1）司机发现站台门故障后报站务人员及行调，行调通知站务人员到头端 PSL 处协助处理。

（2）站务人员到列车头端司机立岗处使用 PSL 关门，整侧滑动门关闭，此时 PSL 操作允许转换钥匙开关不要转到"自动"位。

（3）待站台门关闭后，司机按规定动车。

（4）待列车尾部越过出站信号机，完全离开车站后，将 PSL 操作允许转换钥匙开关恢复到"自动"位，拔出钥匙。

（5）端门处观察下一趟列车关门情况，若后续列车仍存在同样问题时，继续协助司机操作站台门。

（6）对于列车离站后，PSL 操作允许转换钥匙开关转至"自动"位站台门仍自动打开的，需要一直将 PSL 操作允许转换钥匙开关保持在"PSL 允许"位，列车到站后利用 PSL 开关站台门。

10. 应急门/端门被活塞风吹开的故障处理指引

将该扇应急门关闭，并操作相邻一侧滑动门 LCB 钥匙开关到"关门"位置（即面对应急门。若应急门左扇被活塞风吹开，则操作左扇应急门相邻滑动门到"关门"位置；若

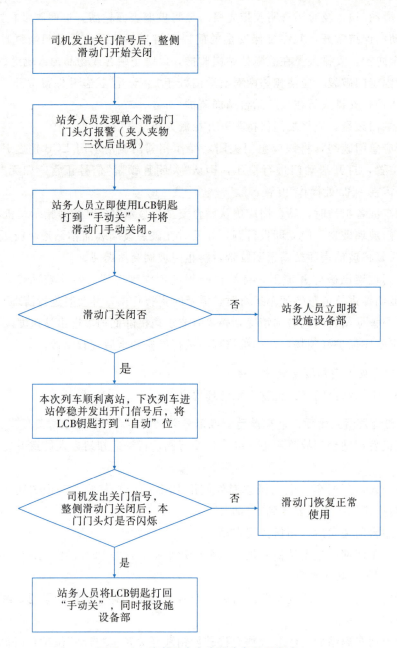

图 9-1 站台门夹人夹物应急处理程序

应急门右扇被活塞风吹开,则操作右扇应急门相邻滑动门到"关门"位置),确认"关闭且锁紧"信号正常,若显示不正常则操作 PSL"互锁解除",并在现场防护,防止应急门未锁紧,再次打开。

9.2 故障分析方法

1. 门单元故障分析方法

门单元故障点定位，参考显示终端界面上的报警诊断信息分析定位故障点。门单元故障分析流程如图9-2所示。

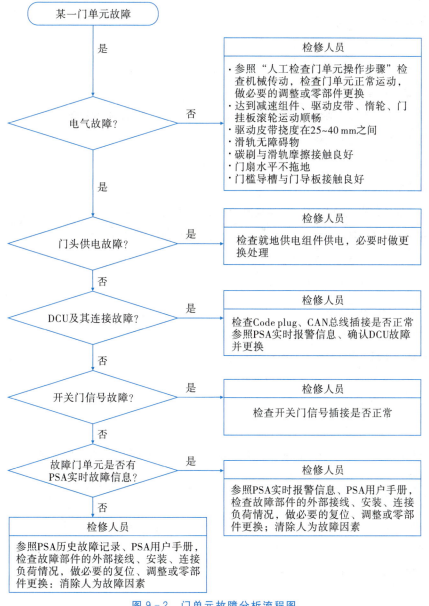

图9-2 门单元故障分析流程图

注意：如因 DCU 故障需要更换 DCU 时，要留意其软件版本是否正确，并做必要的软件升级。

2. 人工检查门单元操作步骤

人工检查门单元操作步骤见表 9-1。

表 9-1　人工检查门单元操作步骤

步骤	操作
1	确认门单元关闭且锁紧
2	断开对应门单元的供电回路
3	检查 DCU 所有的连接电缆、门头所有接线端子
4	用 LCB 钥匙隔离该门单元
5	检查闸锁检测开关的状态：紧急手动释放检测开关、门关闭极限行程开关
6	确认门扇的人工紧急释放机构与门闸锁的距离约为 1 mm
7	用操作钥匙人工解开闸锁锁栓，轻轻推开门扇
8	确认闸锁锁栓被解开
9	在闸锁锁栓被解开时，目测闸锁检测开关的状态是否已经转换
10	目测人工紧急释放机构已经复位，检测开关状态已经转换
11	小心推动门扇至完全打开位置
12	确认门扇能自如无粘连阻滞、无异响地滑动至全开位置
13	小心推动门扇至全关闭位置
14	确认门扇关闭且锁紧
15	确认门检测极限开关转换回到初始状态
16	在 PSC 柜合上对应门单元的供电回路
17	检查 LCB 仍然处于隔离方式
18	把 LCB 转到"开门"位置
19	确保门扇在(由 DCU 控制)电机驱动下无异响、无阻滞地滑动打开。同时注意检查门状态指示
20	把 LCB 置于"关门"位置
21	确保门扇在(由 DCU 控制)电机驱动下无异响、无阻滞地滑动关闭。同时注意检查门状态指示
22	确保门扇能自然地关闭与锁紧

3. 系统级故障分析流程

参考 PSA 上的报警诊断信息分析定位故障点。

注意：如因 PEDC 故障需要更换时，要留意其软件版本是否正确，并做必要的软件升级。

4. PSL 控制故障分析流程

参考 PSA 上的报警诊断信息分析定位故障点。

检查自系统柜到门头的电缆，包括关键命令信号、驱动电源配电等回路。PSL 控制故障分析流程如图 9-3 所示。

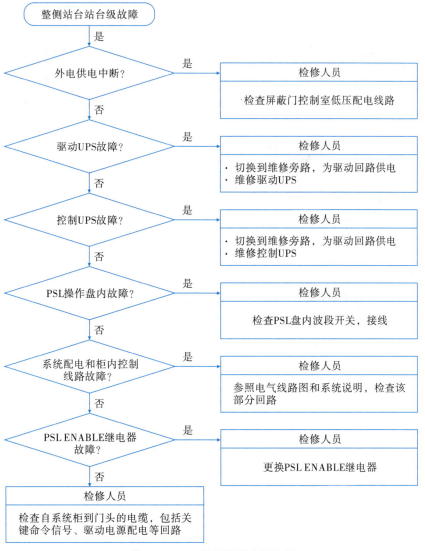

图 9-3 PSL 控制故障分析流程

9.3 常见故障处理方法

9.3.1 滑动门无法关闭

滑动门无法关闭的故障原因见表9-2。

表9-2 滑动门无法关闭的故障原因

序号	系统/设备	故障现象	故障原因	处理指南
1	滑动门门体	滑动门无法关闭	滑动门剐蹭门槛	调整门槛间隙(详细步骤见表9-3卡片1)
2	滑动门传动机构		滑动门分中不适	调整皮带左挂板(详细步骤见表9-3卡片2)
3	滑动门闸锁		滑动门闸锁回弹不畅	调整并润滑闸锁(详细步骤见表9-3卡片3)
4	滑动门门体		限位器松动	调整限位器(详细步骤见表9-3卡片4)
5	滑动门门体		滑动门剐蹭立柱胶条	调整立柱胶条(详细步骤见表9-3卡片5)

对滑动门无法关闭的处理操作卡片见表9-3。

表9-3 对滑动门无法关闭的处理操作卡片

项目	步骤
(卡片1)调整门槛间隙的操作步骤	1. 将滑动门打到"隔离"位
	2. 打开滑动门盖板，断开门机端子排上的开关
	3. 手动拉开滑动门至全开状态
	4. 调整门槛间隙处于10 mm以内，并确保间隙两侧门槛平齐
	5. 手动推拉滑动门反复三次，确认滑动门不再触碰门槛
	6. 合上门机端子排上的开关，LCB开关测试三次，无触碰门槛
	7. LCB打到自动位，滑动门关闭，设备恢复正常
(卡片2)调整皮带挂板的操作步骤	1. 将滑动门打到隔离位
	2. 打开滑动门盖板，断开门机端子排上的开关
	3. 松开皮带挂板固定螺丝，手动关闭滑动门至锁紧状态
	4. 紧固皮带挂板固定螺丝
	5. 手动推拉滑动门反复三次，确认滑动门可以关闭且锁紧
	6. 合上门机端子排上的开关，LCB开关测试三次，滑动门均可关闭并锁紧到位
	7. LCB打到"自动"位，滑动门关闭，设备恢复正常

续表

项目	步骤
(卡片3)调整并润滑闸锁的操作步骤	1. 将滑动门打到"隔离"位
	2. 打开滑动门盖板，断开门机端子排上的开关
	3. 手动打开滑动门，用 WD 40 润滑闸锁，并调整闸锁机构
	4. 手动推拉滑动门反复三次，确认滑动门可以关闭且锁紧
	5. 合上门机端子排上的开关，LCB 开关测试三次，滑动门均可以关闭且锁紧
	6. LCB 打到自动位，滑动门关闭，设备恢复正常
(卡片4)调整限位器的操作步骤	1. 将滑动门打到隔离位
	2. 打开滑动门盖板，断开门机端子排上的开关
	3. 手动打开滑动门至全开状态，然后紧固限位器
	4. 手动推拉滑动门反复三次，确认滑动门不会触碰限位器
	5. 合上门机端子排上的开关，LCB 开关测试三次，滑动门均不会触碰限位器，且可以正常开关
	6. LCB 打到自动位，滑动门关闭，设备恢复正常
(卡片5)调整立柱胶条的操作步骤	1. 将滑动门打到隔离位
	2. 打开滑动门盖板，断开门机端子排上的开关
	3. 手动打开滑动门至全开状态，然后紧固立柱胶条
	4. 手动推拉滑动门反复三次，确认滑动门不会触碰立柱胶条
	5. 合上门机端子排上的开关，LCB 开关测试三次，滑动门均不会触碰立柱胶条，且可以正常开关
	6. LCB 打到自动位，滑动门关闭，设备恢复正常

9.3.2 滑动门无法打开

滑动门无法打开的故障原因见表 9-4。

表 9-4 滑动门无法打开的故障原因

序号	系统/设备	故障现象	故障原因	处理指南
1	滑动门闸锁	滑动门无法打开	滑动门闸锁转动机构卡滞或电磁铁吸力不足	调整闸锁及电磁铁（详细步骤见表 9-5 卡片 1）
2	DCU		DCU 驱动控制板故障	更换 DCU（详细步骤见表 9-5 卡片 2）

对滑动门无法打开的处理操作卡片见表 9-5。

表 9-5 对滑动门无法打开的处理操作卡片

项目	步骤
（卡片1）调整闸锁及电磁铁的处理操作步骤	1. 将滑动门打到隔离位
	2. 打开滑动门盖板，断开门机端子排上的开关
	3. 手动打开滑动门至全开状态，然后调整闸锁解锁机构并润滑
	4. 检查并调整电磁铁弹簧
	5. 手动推拉滑动门反复三次，确认滑动门可以正常打开
	6. 合上门机端子排上的开关，LCB 开关门测试三次，滑动门均可以正常开关
	7. LCB 打到自动位，滑动门关闭，设备恢复正常
（卡片2）更换 DCU 的处理操作步骤	1. 将滑动门打到隔离位
	2. 打开滑动门盖板，断开门机端子排上的开关
	3. 拆掉旧 DCU，安装新的 DCU
	4. 合上门机端子排上的开关，LCB 开关门测试三次，滑动门均可以正常开关
	5. LCB 打到自动位，滑动门关闭，设备恢复正常

9.3.3 端门无法开关

端门无法开关的故障原因见表 9-6。

表 9-6 端门无法开关的故障原因

序号	系统/设备	故障现象	故障原因	处理指南
1	端门	无法开关	上下锁头变形	调整上下锁头（详细步骤见表9-7卡片1）
2			锁芯卡滞	调整锁芯（详细步骤见表9-7卡片2）
3			推杆断裂	更换推杆（详细步骤见表9-7卡片3）

对端门无法开关的处理操作卡片见表 9-7。

表 9-7 对端门无法开关的处理操作卡片

项目	步骤
（卡片1）调整上下锁头的操作步骤	1. 利用行车间隔时间或非运营期间，拆掉故障锁头螺丝
	2. 调整变形锁头
	3. 重新安装调整后的锁头并紧固

续表

项目	步骤
（卡片1）调整上下锁头的操作步骤	4. 反复测试端门开关三次，无故障
	5. 关闭端门，设备恢复正常
（卡片2）调整锁芯的操作步骤	1. 利用行车间隔时间或非运营期间，拆掉故障锁芯
	2. 调整变形锁芯
	3. 重新安装调整后的锁芯并紧固
	4. 反复测试端门开关三次，无故障
	5. 关闭端门，设备恢复正常
（卡片3）更换推杆的操作步骤	1. 利用行车间隔时间或非运营期间，拆掉故障推杆
	2. 重新安装新推杆并紧固
	3. 反复测试推杆，开关三次端门，无故障
	4. 关闭端门，设备恢复正常

9.3.4 站台门控制系统报警

站台门控制系统报警的故障原因见表9-8。

表9-8 站台门控制系统报警的故障原因

系统/设备	故障现象	故障原因	处理指南
PEDC	软件显示控制系统报警	PEDC控制通道故障	更换PEDC（详细步骤见表9-9卡片1）

对站台门控制系统报警的处理操作卡片见表9-9。

表9-9 对站台门控制系统报警的处理操作卡片

项目	步骤
（卡片1）更换PEDC的操作步骤	1. 打开PSC控制柜前柜门，断开PEDC电源开关
	2. 打开PSC控制柜后柜门
	3. 拆掉PEDC上连接的所有航空插头或接插件
	4. 拆除PEDC固定螺丝
	5. 安装新的PEDC并固定
	6. 连接所有航空插头或接插件
	7. 合上PEDC电源开关
	8. 重新下载监视软件程序到PEDC

续表

项目	步骤
（卡片1）更换 PEDC 的操作步骤	9. 利用 PSL 开关测试整侧滑动门三次，观察监视软件滑动门状态是否与现场一致
	10. 监视软件无控制系统报警，滑动门开关状态显示正常，关闭控制柜前后柜门，设备恢复正常

9.3.5 工控机死机

工控机死机的故障原因见表 9-10。

表 9-10 工控机死机的故障原因

系统/设备	故障现象	故障原因	处理指南
工控机	综合监控脱落扫描	工控机监视软件运行卡滞，导致工控机死机	重启工控机（详细步骤见表 9-11 卡片 1）

对工控机死机的处理操作卡片见表 9-11。

表 9-11 对工控机死机的处理操作卡片

项目	步骤
（卡片1）重启工控机的操作步骤	1. 发现站台门脱落扫描后，打开 PSC 控制柜前柜门
	2. 晃动鼠标的反应，若无任何反应，说明工控机死机
	3. 关闭工控机开关，等待 1 分钟后，重开工控机
	4. 运行站台门监视软件及 MODBUS 接口软件
	5. 观察三趟车，监视软件状态是否正常
	6. 监视软件状态与现场站台门开关相符，设备恢复正常

9.3.6 后封板脱落

后封板脱落的原因见表 9-12。

表 9-12 后封板脱落的原因

系统/设备	故障现象	故障原因	处理指南
滑动门后封板	后封板上部脱离结构梁，下部连接橡胶条	滑动门后封板因震动导致射钉脱落	紧固后封板（详细步骤见表 9-13 卡片 1）

对后封板脱落的处理操作卡片见表 9-13。

表 9-13 对后封板脱落的处理操作卡片

项目	步骤
(卡片 1)紧固后封板的操作步骤	1. 找到后封板脱落位置,接触网挂接地线 2. 搭建脚手架 3. 重新加固后封板,确保射钉固定点间距不低于 20 cm 4. 施工结束后,拆除地线 5. 设备恢复正常

9.3.7 应急门被隧道风吹开

应急门被隧道风吹开的原因见表 9-14。

表 9-14 应急门被隧道风吹开的原因

系统/设备	故障现象	故障原因	处理指南
应急门	应急门打开	应急门上下锁头均未插入锁孔	调整应急门锁头(详细步骤见表 9-15 卡片 1)

对应急门被风吹开的处理操作卡片见表 9-15。

表 9-15 对应急门被风吹开的处理操作卡片

项目	步骤
(卡片 1)调整应急门锁头操作步骤	1. 在站台侧将应急门打开 2. 调整应急门锁芯,确保上下锁头顺畅滑动 3. 在站台侧将应急门关闭,观察上锁头插入深度是否满足 5 mm 4. 在轨行区侧,观察下锁头插入深度是否满足 5 mm 5. 在轨行区侧,用力推动应急门,确保锁头不会滑出 6. 以上满足要求,设备恢复正常

9.3.8 站台门玻璃自爆

站台门玻璃自爆的原因见表 9-16。

表 9-16 站台门玻璃自爆的原因

系统/设备	故障现象	故障原因	处理指南
站台门	站台门玻璃爆裂	风压或安全玻璃自身质量	更换站台门门体(详细步骤见表 9-16 卡片 1)

对站台门玻璃自爆的操作卡片见表 9-17。

表 9-17　对站台门玻璃自爆的操作卡片

项目	步骤
（卡片1）更换站台门门体操作步骤	1. 清理站台及轨行区玻璃碎渣
	2. 用宽胶纸将爆裂门体粘接起来，从金属框开始先横向粘后纵向粘
	3. 将故障门体及邻近的滑动门打开泄压
	4. 电客车停运后，需安排至少四人，拆卸故障站台门
	5. 安装新的站台门门体，调试门体，手动开关站台门三次
	6. 操作 LCB 电动开关门三次无故障，设备恢复正常

9.3.9　中央控制盘数据总线故障报警

中央控制盘（PSC）数据总线故障报警的原因见表 9-18。

表 9-18　PSC 数据总线故障报警的原因

序号	系统/设备	故障现象	故障原因	处理指南
1	PSC 控制柜	PSC 面板数据总线故障灯亮	工控机通信板卡接触不良	调整通信板卡插槽（详细步骤见表 9-19 卡片1）
2			CAN 总线接插件松动	紧固接插件（详细步骤见表 9-19 卡片2）

对 PSC 数据总线故障报警的处理操作卡片见表 9-19。

表 9-19　对 PSC 数据总线故障报警的处理操作卡片

项目	步骤
（卡片1）调整通信板卡插槽的操作步骤	1. 非运营期间，断开工控机开关
	2. 打开工控机面板
	3. 更换通信板卡插槽
	4. 合上工控机面板
	5. 合上工控机开关
	6. 运行站台门监视软件及 MODBUS 接口软件
	7. PSL 控制站台门开关三次，确保监视软件状态与现场一致，设备恢复正常

续表

项目	步骤
（卡片2）紧固接插件操作步骤	1. 非运营期间，检查CAN总线接插件松动位置
	2. 因为是热插拔，工控机无断电
	3. 重新插拔并紧固接插件
	4. PSL控制站台门开关三次，确保监视软件状态与现场一致，设备恢复正常

9.3.10　就地控制盘无法联动开关滑动门

就地控制盘（PSL）无法联动开关滑动门的原因见表9-20。

表9-20　PSL无法联动开关滑动门的原因

序号	系统/设备	故障现象	故障原因	处理指南
1	PSL	整侧站台门不受控制，无法开关	PSL箱内继电器卡扣松动	紧固继电器（详细步骤见表9-21卡片1）
			PSL箱内线缆接插件接触不良	更换接插件（详细步骤见表9-21卡片2）

对PSL无法联动开关滑动门的处理操作卡片见表9-21。

表9-21　对PSL无法联动开关滑动门的处理操作卡片

项目	步骤
（卡片1）紧固继电器操作步骤	1. 在非运营期间，打开PSL箱盖，重新压接继电器卡扣
	2. 开关测试10次，整侧站台门响应是否正常
	3. 站台门正常开关，设备恢复正常
（卡片2）更换接插件操作步骤	1. 在非运营期间，打开PSL箱盖，重新插拔接插件
	2. 如果接插件不松，仍然无法控制开关门，更换接插件
	3. 开关测试10次，整侧站台门响应是否正常
	4. 站台门正常开关，设备恢复正常

9.4 故障处理实例

9.4.1 站台门门机电源模块故障

1. 故障现象

下行滑动门 2-2、3-2、4-2、5-2、6-2 无法联动打开。

2. 处理过程

检修人员切断总电源和 UPS 供电并重新启动中央接口盘,故障仍然存在。对故障门供电电压进行测量,发现故障门开关电源模块进线电压(输入电压)为 DC 110 V(正常),输出电压为 DC 0.3 V(正常为 48 V)。对调 2-1、2-2 电源模块,2-2 设备恢复正常,2-1 无法动作。列车停运后,对故障门电源模块进行了更换,经通电测试,设备恢复正常。同时,对上级供电回路进行了测量,自动双切箱提供三相五线制供电,相电压显示为 228 V,线电压显示为 396 V,均属于正常范围,再次测量交流电整流后输出驱动电源回路为 120V,电源模块更换后,上电测量输出电压为 48.5 V,属于正常范围。

3. 原因分析

通过查看 PSA 数据库,发现下行 2-2、3-2、4-2、5-2、6-2 滑动门电子设计自动化模块(Electronics Design Automation,EDA)中断(电源模块故障会造成此现象);测量 2-2、3-2、4-2、5-2、6-2 五道滑动门门头内电源模块电压发现,输入电压值正常,输出电压值不正常。通过对调滑动门 2-1 与故障门 2-2 的电源模块,2-2 恢复正常,2-1 出现故障,最终判断为开关电源模块损坏,开关变压器不良,造成了输出电压下降。电源模块内部结构如图 9-4 所示。

图 9-4 电源模块内部结构

4. 采取措施

将故障电源模块返厂维修。因开关电源模块负责给滑动门门机控制器及电机供电，属于核心部件，在检修规程中，增加对电源模块输出电压的测量。以郑州地铁1号线为例，由于每站电源模块为48套，数量较多，且为4路独立供电，在检修作业时，应连续抽测4道滑动门电源模块的输出参数值，并检查电源监控平台的故障信息。

9.4.2 站台门滑动门闸锁回弹不畅故障

1. 故障现象

滑动门关门后门头灯延迟熄灭或一直闪烁。

2. 处理过程

车站人员临时将该故障滑动门隔离，手动关闭门体。检修人员赶到现场后，调整闸锁转动机构并充分润滑后，设备恢复正常。

3. 原因分析

站台门闸锁为转动机械锁，滑动门接收到开门命令后，闸锁上的电磁铁上电吸合，解锁状态如图9-5、图9-6所示，电磁铁联动转轴脱扣，闸锁上的锁盘依靠自身重力作用逆时针转动，左右门体挂件上的撞杆脱离锁扣，滑动门打开。滑动门接收到关门命令后，执行关闭动作，左右门体挂件上的撞杆撞击转动机构，锁盘顺时针旋转，联动转轴正好卡入锁盘预留锁扣，锁盘将无法逆时针转动，左右门体挂件上的撞杆被锁闭。锁紧状态如图9-7、图9-8所示。

图 9-5 闸锁解锁状态（正面）

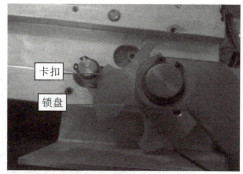

图 9-6 闸锁解锁状态（反面）

分析闸锁联动机构可以看出，各部件之间的啮合间隙很小（约2mm），对设备安装精度要求很高。由于滑动门左右挂件是反复运动的部件，开关门过程伴随着部件之间的正常撞击，容易造成挂件松动导致移位。另外，施工过程中安装调试精度不够。综上所述，滑动门闸锁回弹不畅、卡滞原因有四个：左右门体安装调整不对中，滑动门挂件因撞击松动,闸锁锁头轴承润滑不畅,皮带长时间运转产生一定形变伸长后出现松弛。

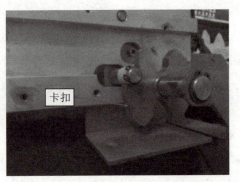

图 9-7　闸锁锁紧状态(正面)　　　　图 9-8　闸锁锁紧状态(反面)

4. 采取措施

针对滑动门闸锁回弹不畅、卡滞的几个原因分别采取以下针对措施:

(1)因门体调整耗费时间太长,本着"发现一处彻底解决一处"的原则,逐步将施工遗留的门体不对中问题彻底解决。

(2)滑动门挂件因撞击易松动是无法避免的,将易松动的门体挂件列入重点关注对象,在保养计划时重点处理,降低该故障的发生率。

(3)将闸锁锁头轴承润滑列入保养计划中,因润滑油易沾染灰尘,每次保养喷洒不宜过多。

(4)因前期施工调整不到位或季节因素都可能造成皮带松弛或张紧,将皮带张紧测试列入季度检修抽查项目,可以有效降低该故障的发生率。测试方法:将 2 kg 重力砝码放置于皮带中间部位,如图 9-9 所示。皮带垂直方向下降 25~40 mm 属于正常范围,超出此范围须调整皮带。

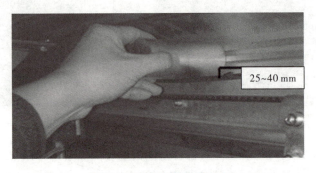

图 9-9　皮带张紧测量方法

5. 故障点评

滑动门闸锁回弹不畅、卡滞问题一直是站台门系统的常见故障，站台门作为频繁动作的设备，又受隧道风压的作用，容易导致滑动门闸锁回弹不畅或卡滞故障。要彻底解决此类故障并非易事，施工安装阶段需要细心精调。从源头入手，避免出现门体中心不对称现象；运营阶段，需要在检修保养时按照检修规程，将把控措施逐一落实到位，避免出现漏检漏修、麻痹大意。

站台门系统除了门机电源模块、导靴安装板脱落及闸锁回弹不畅故障外，常见的故障还有滑动门分中不适、限位器松动、滑动门剐蹭门槛、滑动门剐蹭立柱胶条、端门锁芯卡滞、控制系统故障及工控机死机等。

9.4.3 站台门安全回路故障

1. 故障现象

2017 年 9 月 2—13 日，某站上行站台门共发生四次短时间安全回路中断，中断时间最长 32 min，最短 12 s。

2. 故障影响

运营期间安全回路中断，列车无法以正常模式进出站，需由专人操作"互锁解除"钥匙开关来实现列车正常运行。

3. 处理过程

故障发生后，工程师跟工维保单位与厂家一起排查整侧滑动门、应急门检测开关位置，测量检测开关阻值，排查滑动门安全回路接线，接插件连接情况，排查 PSC 接线情况，前后共排查 4 轮。9 月 5—17 日，24 h 留人驻站值守。9 月 14 日更换列车自动控制（ATC）板，观察至 9 月 17 日确认故障修复。

4. 原因分析

ATC 板采集整侧安全回路状态，内部安全继电器闭合后，向 PEDC 和信号专业反馈门全关且锁紧信息。出现故障为 ATC 板内部安全继电器偶发性不闭合，造成安全回路短时间中断。

5. 采取措施

加强故障处理人员的故障判断能力，备品备件应充足。

9.4.4 站台门电机轮焊点脱焊故障处理分析

1. 故障现象

站台门部分电机轮与电机轴的接口焊点开焊，造成电机在运转时产生较大异响。

2017年7月13日，某地铁站站台门电机轮由于焊点脱焊，轮轴中心不对称，长时间运行过程中来回摆动。电机轴受力不均衡，扭力过大造成电机轴断裂，电机轮掉落。

2. 原因分析

在对产生异响的电机进行检查分析后，发现电机轮和电机轴连接处焊点开裂，电机轮脱焊后导致电机轮和皮带不在同一平面上，开关门时异响严重，同时使得皮带磨损情况加重，影响皮带使用寿命。而焊点开裂现象是电机轮与电机轴连接处焊点过于单薄造成的。图9-10、图9-11为电机轮焊点和电机脱焊示意图。

图9-10 电机轮焊点

图9-11 电机脱焊

表9-22、图9-12为某地铁1号线、2号线、3号线站台门电机轮轴固定方式的对比。

表9-22 不同线路站台门电机轮轴固定方式对比

线别	连接方式	特点
1号线	热塑冷压（冷热交替，部件挤压成型）	利用热胀冷缩原理，挤压安装；固定强度较高
2号线	点焊（两点固定）	加工安装简单，工艺成本较低；固定强度较弱
3号线	点焊（多处焊接）	加工安装简单，焊接处较多；固定强度较强
3号线（样机）	点焊（两点固定）	加工安装简单，工艺成本较低；固定强度较弱

经过对3条线站台门电机轮轴固定方式的对比，1号线固定牢固，从未发生电机轮轴松脱故障；2号线由于电机轮轴焊接处过于单薄，容易出现脱焊情况；3号线因运营时间短、运营时开关次数较少暂未发现有脱落现象；3号线样机电机轮为热塑冷压连接和现场安装，电机固定方式不一致，存在脱落风险。

（a）1号线站台门电机固定方式　　　　（b）2号线站台门电机固定方式

（c）3号线站台门电机固定方式　　　（d）3号线站台门样机电机固定方式

图 9-12　不同线路站台门电机轮轴固定方式

3. 故障排查和处理

随着运行时间的不断积累，各站现场异响电机数量也在不断变化。重新对各车站电机异响情况排查统计。

厂家针对电机焊点过于单薄的情况，重新对电机轮和电机轴连接处进行焊接加固。厂家现有 5 个备件给予工班，各站保养时针对异响严重的电机进行逐步更换，对更换下的电机轮重新加焊加固处理（图 9-13）。

图 9-13　重新加焊加固电机轮

4. 采取措施

由于故障电机数量较大,且故障电机轮轴脱焊有较大安全风险,要求厂家对 2 号线站台门设备电机减速器与轴接口焊点重新加工后,逐步替换正线电机。利用检修时间对正线电机进行替换,替换下的电机,对减速器带轮和电机轴进行车削处理,增加轴与带轮的接触点焊接面积,增大焊点牢固强度,如图 9-14~图 9-16 所示。

带轮和轴的铣削尺寸均为 3 mm×3 mm。焊条采用高碳钢的材质,与轴和带轮的材质相近。焊接后,变形应力小,焊点更加牢固。

图 9-14 减速器带轮车削效果

图 9-15 减速器轴车削效果

图 9-16 配合效果

思政拓展

矢志创新,精益求精

牛玉涛,2015 年 12 月加入郑州地铁,任机电二室屏梯技术岗,负责屏梯专业的技术创新、修旧利废以及现场技术支持工作。作为屏梯专业的一员,在日常工作中,充分发挥自己的专业能力,积极响应公司创新驱动发展战略,立足屏梯专业开展技术创新工作,为保障现场设备的平稳运行做出了重要贡献。

立足岗位，积极主动求创新

站台门专业作为机电中心唯一行车专业，自2号线和城郊线开通以来，站台门专业多次发生安全回路故障并导致列车晚点，对运营质量产生极大影响。通过分析现场站台设备运行情况，牛玉涛发现2号线和城郊线影响行车类故障中的80%以上都是由安全回路故障引起的，如果可以解决安全回路问题，将极大地降低站台门专业对行车的影响，提高列车准点率。针对这种情况，牛玉涛同志充分发挥一个机电人勇于担当、迎难而上的机电精神，主动承担了安全回路相关项目的研究工作。

站台门专业的安全回路检测并没有相关经验可以进行借鉴，一切只能从头开始。在这种情况下，牛玉涛通过认真分析站台门工作原理，多方面查阅相关技术资料，最终研发出一款具备自主知识产权的安全回路故障位置指示装置，并以第一作者申报发明专利一项。在现场安装调试阶段的安全回路检测装置投入前期，厂家打电话说还要一个月才能完成装置接线的加工工作，而按照计划是在国庆节之后就进行试安装，电话来得让人猝不及防，牛玉涛当即决定让他们把所有部件通过快递发过来，自己调试接线。同事担忧这样会不会造成大量工作积压。牛玉涛宽慰说："没关系，我加加班，肯定不会影响安装进度，而且每一个装置都亲手过一遍再进行现场安装，质量我们也能更放心。"就这样，牛玉涛连续几周加班利用样机对装置进行装配及测试工作，保证了现场安装工作的顺利进行。装置安装完成后经过一年多的运行，现场共发生安全回路故障两次，两次故障均被装置正常检测到，成功地将安全回路故障降级成为单个滑动门故障，避免了列车晚点情况的发生。充分证明了安全回路检测的可行性，在项目实施的过程中，通过与厂家持续的技术交流，督促厂家进行技术改进，目前郑州地铁5号线和2号线二期站台门设备均已实现安全回路故障检测功能，并将该需求写入新线需求标准，有效避免后续线路再次出现类似故障。

克难攻坚，保证设备平稳运行

为保证现场设备的平稳运行，牛玉涛同志充分发挥自己的技术优势，在现场发生重大故障和疑难故障时，勇于承担责任，积极深入现场进行故障处理，解决了很多现场重点、难点故障。同时，通过认真分析总结现场故障原因及故障处理过程中存在的问题，不断提升自己的专业技能，定期与工班员工分享和交流故障处理经验，提高工班故障处理能力，在屏梯专业所有同事的共同努力下，截至2019年年底，2号线和城郊线屏梯专业故障修复率100%，由站台门专业造成的列车晚点率逐年降低，有力地保障了现场设备的平稳运行。明善思诚，慎思笃行，牛玉涛同志在站台门系统技术创新中钻坚研微，有效解决了站台门专业安全回路故障对行车的影响，降低了列车晚点情况的发生概率。修旧利废，降本增效，牛玉涛致力于提高运营质量、服务品质，他是郑州地铁新时代"工匠精神"的典范！

 课后练习题

1. 滑动门无法正常关闭时，可能有哪些故障原因？
2. 滑动门无法正常打开时，应如何处理？
3. 站台门控制系统报警时，应如何处理？
4. 应急门被隧道风吹开时，应如何处理？
5. PSC 数据总线故障报警时，应如何处理？

模块 10 实训项目

实训项目一　站台门门体设备认知

一、实训目的

1. 掌握不同类型站台门系统的区别。
2. 掌握各种门体的结构特点、个数及位置分布。
3. 培养观察及分析总结能力。
4. 提高团队协作能力。

二、具体实施过程

1. 实地勘察城市轨道交通不同线路的站台门系统，观察站台门门体设备。
2. 记录总结各种门体的结构特点、个数及位置分布。
3. 绘制出某一地铁车站第一节列车车厢对应的站台门门体组合示意图，示意图中各种门体标上其英文代号。
4. 讨论不同线路站台门系统的区别，完成实验调查表（表 10-1）。

表 10-1　某城市轨道交通线路站台门系统调查表

线路	按结构形式分类	单侧站台滑动门个数及位置分布	单侧站台应急门、端门个数及位置分布
地铁 1 号线			
地铁 2 号线			
地铁 3 号线			
地铁 4 号线			
……			

实训项目二 全封闭式屏蔽门门体结构认知

一、实训目的

1. 掌握全封闭式屏蔽门的门体结构组成。
2. 掌握滑动门、应急门、端门和固定门的功能以及门体参数。
3. 能准确流利介绍滑动门、应急门、端门和固定门的门体各部件名称及功能。
4. 掌握滑动门、应急门、端门的手动解锁方式。

二、具体实施过程

1. 对照模块 2 认知门体结构的主要部件以及主要技术参数。
2. 分组复述滑动门、应急门、端门和固定门的门体各部件名称及功能。
3. 分组进行滑动门、应急门、端门的手动解锁。
4. 分组对滑动门的障碍物探测功能进行测试。

三、考核评价

采用学生自评、小组互评和教师评价的过程评价方式，考核评分细则如表 10-2 所示。

表 10-2 全封闭式屏蔽门门机结构认知评分表

项目	全封闭式屏蔽门门机结构认知			
	滑动门(30 分)	应急门(30 分)	端门(20 分)	固定门(10 分)
考核内容	1. 设备指认正确，各部分名称、功能表述准确； 2. 手动解锁操作正确、规范； 3. 障碍物探测功能测试操作正确	1. 设备指认正确，各部分名称、功能表述准确； 2. 手动解锁操作正确、规范	1. 设备指认正确，各部分名称、功能表述准确； 2. 手动解锁操作正确、规范	设备指认正确，各部分名称、功能表述准确
学生自评 (占 30%)				
小组互评 (占 30%)				
教师评价 (占 40%)				
综合成绩				

实训项目三　全封闭式屏蔽门门机系统认知

一、实训目的

1. 掌握全封闭式屏蔽门门机系统的组成及各部分功能。
2. 掌握皮带传动式门机系统的动作过程及锁紧装置的动作原理。
3. 熟悉 PSL、LCB、手动解锁操作过程。
4. 提高安全意识及团队协作能力。

二、所需工具与材料

1. 滑动门站台侧三角钥匙、PSL 操作钥匙、LCB 操作钥匙、梯子。
2. 纸张、笔、计时设备。

三、具体实施过程

对滑动门分别进行 PSL 开关门操作、LCB 开关门操作和手动开关门操作，观察滑动门门机系统及锁紧装置的动作过程。

1. 分组

分成小组，每组 5 名学生（A、B、C、D、E），分角色轮流进行操作。

2. 工作职责

(1)学生职责。
A：操作 PSL，进行开关门。
B：操作 LCB，进行开关门。
C：①在站台侧用钥匙进行手动解锁；②在轨道侧按压紧急把手动解锁。
D：扶好梯子，保证登梯人员的安全。
E：登梯作业，观察皮带传动和锁紧装置锁定、解锁的过程。
(2)教师职责：观察各小组操作过程，指出问题，做出教学总结。

3. 操作要求

每组 5 名同学进行轮流操作。时间 5～7 min。

4. 操作步骤

(1)选出一名组长，负责 5 名同学的职责分配和任务轮换；选出一名组员作为计时员，记录时间；选出一名组员作为讲解员，任务结束后经小组讨论，代表本组进行动作原理、注意事项等方面的发言；选出一名组员作为记录员，记下任务完成的重点及感想。

(2) 由 A 同学操作 PSL，进行开门和关门各两次。E 同学观察开门关门时，皮带传动和锁紧装置锁定、解锁的过程。

(3) 由 B 同学操作 LCB，进行开门和关门各两次。E 同学观察开门关门时，皮带传动和锁紧装置锁定、解锁的过程。

(4) 站台侧：由 C 同学用三角钥匙手动解锁开门一次，门开到位后，由 C 同学进行手动关门一次。E 同学观察开门关门时，皮带传动和锁紧装置锁定、解锁的过程。

轨道侧：由 C 同学按压紧急把手进行手动解锁开门一次，门开到位后，由 C 同学进行手动关门一次。E 同学观察开门关门时，皮带传动和锁紧装置锁定、解锁的过程。

(5) 全程 D 同学扶好扶梯，保证登梯人员的安全。

四、小组讨论及教师总结

(1) 小组讨论：明确锁紧装置动作原理、电动解锁和手动解锁的动作过程及区别。由一名组员代表发言。

(2) 教师根据小组活动用时时长、角色组织轮换情况、动作过程完成情况及发现的问题(如安全、协作、标准作业等)做出总结。

实训项目四　滑动门机械装置检修

一、实训目的

1. 能够完成滑动门机械装置的检修工作。
2. 培养标准化作业的职业素养。

二、准备工作

1. 学习站台门检修操作的安全注意事项。
2. 准备常用工具。
3. 学习滑动门机械装置的检修内容及标准。

三、实训步骤

1. 学生 4 人一组，查阅资料。
2. 组长召开班前会，进行人员分工。
3. 根据检修内容，对照检修标准对滑动门机械装置进行检修。
4. 组长召开班后会，进行学生自评和小组互评(表 10-3)。

表 10-3　滑动门机械装置检修表

序号	检修内容	检修标准	完成情况	
			学生自评	小组互评
1	观察前盖板及盖板锁,并用钥匙开合前盖板	清洁无污迹,锁完好,与门头间隙紧		
2	观察门机上方有无结构渗水	无渗水的痕迹		
3	使用抹布、毛刷等工具清洁门机内导轨及其他部件	导轨光滑,门挂板平稳移动,门体运动无阻碍		
4	手动开关各滑动门的手动解锁装置	锁杆上升锁到位,回落顺畅无滞留		
5	使用LCB开关门,观察电机及减速器状况	无异响、漏油		
6	使用LCB开关门,观察滑动门门锁、门锁检测开关和锁闭检测开关是否灵活可靠	灵活可靠,正常工作		
7	使用LCB开关门,并用模拟障碍物测试障碍物检测功能是否正常	灵敏度及动作响应过程符合设计要求		
8	使用LCB开关门,观察滑动门是否摩擦立柱胶条	间隙为6 mm,无摩擦		
9	观察滑动门门槛导槽中是否存在异物	无异物及垃圾		
10	检查玻璃、密封胶是否完好	外观完好,紧密固定		
11	检查站台门后封板禁锢、密封情况	外观完好,无脱落迹象		

实训项目五　中央控制盘检修

一、实训目的

1. 能够完成中央控制盘(PSC)的检修工作。
2. 培养标准化作业的职业素养。

二、准备工作

1. 学习站台门检修操作的安全注意事项。

2. 准备常用工具。
3. 学习 PSC 的检修内容及标准。

三、实训步骤

1. 学生 4 人一组，查阅资料。
2. 组长召开班前会，进行人员分工。
3. 根据检修内容，对照检修标准对 PSC 进行检修。
4. 组长召开班后会，进行学生自评和小组互评（表 10-4）。

表 10-4 PSC 检修表

序号	检修内容	检修标准	完成情况	
			学生自评	小组互评
1	使用红外测温仪检查控制柜内继电器等电气元器件的温升，听设备有无运行噪声	电气元器件正常，无噪声，无异常发热		
2	用抹布清洁柜体、电缆槽架外表面	干净无尘，稳固		
3	清洁柜内设备、检查元器件标示是否齐全	设备干净，标示齐全		
4	观察 PSC 柜内安全继电器、时间继电器、固态继电器工作是否正常	安装、接线稳固，器件动作指示正常		
5	检查 PSC 柜内布线、器件安装	整齐、稳固、清洁，无老化破损		
6	使用试灯按钮测试 PSC 的面板指示灯	正常显示		
7	观察手动切换 PEDC 各通道能否正常使用	功能正常		
8	检查 PSC 监视软件是否死机，查看时钟信息、运行记录及故障记录，数据记录下载到 U 盘保存	软件正常运行，可顺利下载到 U 盘		

附录 1
城市轨道交通站台门系统常用英文缩略语对照表

缩写	英文全称	中文名称
ASD	Automatic Sliding Door	滑动门
ATC	Automatic Train Control	列车自动控制
ATO	Automatic Train Operation	列车自动运行
ATS	Automatic Train Supervision	列车自动监控
CPS	Control Power Supply	控制电源
DCU	Door Control Unit	门机控制器
DOI	Door Open Indicator	门状态指示灯
DPS	Drive Power Supply	驱动电源
EED	Emergency Escape Door	应急门
FIX	Fixed Door	固定门
IBP	Integrated Backup Panel	综合后备盘
ISCS	Integrated Supervisory Control System	综合监控系统
LCB	Local Control Box	就地控制盒
MSD	Manual Secondary Door	端门
MTTR	Mean Time to Repair	平均维修时间
OCC	Operating Control Center	运营控制中心
PEDC	Platform Element Door Controller	单元控制器
PSC	Platform Screen Controller	中央控制盘
PSD	Platform Screen Door	站台门
PSL	Platform Screen Door Local Control Panel	就地控制盘
PTE	Portable Test Equipment	便携式检测装置
SIG	Signal System	信号系统
UPS	Uninterrupted Power Supply	不间断电源

附录 2
城市轨道交通站台门系统主要技术标准

1. 《地铁设计规范》(GB 50157—2013)
2. 《城市轨道交通技术规范》(GB 50490—2009)
3. 《城市轨道交通站台屏蔽门系统技术规范》(CJJ 183—2012)
4. 《城市轨道交通站台屏蔽门》(CJ/T 236—2022)
5. 《玻璃幕墙工程技术规范》(JGJ 102—2003)
6. 《建筑玻璃应用技术规程》(JGJ 113—2015)
7. 《建筑用安全玻璃 第 4 部分：均质钢化玻璃》(GB 15763.4—2009)
8. 《阀控式密封铅酸蓄电池订货技术条件》(DL/T 637—1997)
9. 《低压成套开关设备和控制设备 第 1 部分：总则》(GB/T 7251.1—2013)
10. 《低压配电设计规范》(GB 50054—2011)
11. 《电力工程电缆设计标准》(GB 50217—2018)
12. 《城市轨道交通工程质量验收标准 第 2 部分：设备安装工程》(DB11/T 311.2—2008)

站台门系统设备的制造、试验和验收应符合以上标准。国外采购设备及材料满足国际相关标准，国内采购设备及材料满足国内相关标准，当两个标准有不一致时，按最高标准执行。

参考文献

[1] 郝晓平,任艳江,曲泽超,等. 城市轨道交通屏蔽门、电扶梯检修工[M]. 北京:人民交通出版社,2017.

[2] 翁桂鹏,刘冬香. 城市轨道交通车站屏蔽门系统运行与维护[M]. 成都:西南交通大学出版社,2018.

[3] 曲秋莳,沈丽琴. 城市轨道交通站台门系统运行与维护[M]. 北京:人民交通出版社,2020.

[4] 李漾. 屏蔽门绝缘整体防护及监控措施[J]. 现代城市轨道交通,2014(3):38-40.

[5] 王亚宾. 浅谈地铁站台门等电位连接方案的现状与发展[J]. 黑龙江交通科技,2020(2):204-205.

[6] 李成,王彬,孙建国. 站台屏蔽门绝缘与轨道电压问题的探讨[J]. 机车电传动,2014(5):70-77.

[7] 王文波,林小杰. 站台屏蔽门与钢轨不等电位连接的可行性分析[J]. 城市轨道交通研究,2014:74-77.

[8] 杜宏民,吕馨,高莉萍,等. 地铁屏蔽门绝缘安装相关问题探讨[J]. 都市快轨交通,2012(1):78-81.